子どもの気づきを引き出す!

国語授業の構造的板書

樋口綾香

学陽書房

はじめに

私は、教職６年目のとき、大阪教育大学附属池田小学校へ異動しました。そして、新年度が始まった２週間後、研究部の会議で１年間取り組む個人研究テーマを決めるよう伝えられました。

それまでの私は、自分で決めたテーマで何かを研究するということに取り組んだことがなく、研究というのは学校で行うもの、決められたテーマに取り組むものとばかり考えていました。「自分で研究を進める」という思考が全くありませんでした。

周りの先生に相談し、悩んだ結果、附属小学校へ行くきっかけとなった「もっと子どもの考えを引き出す板書がしたい」という思いから、「構造的板書が子どもの学び方にどう影響するか」という研究テーマで１年間実践していくことにしました。

１年生を担任することになった私は、その年に７本の研究授業を行いました。大阪教育大学教授の住田勝先生のご指導を受けながら、同じ国語部の先輩たちとともに毎月教材研究に励み、何度も指導案を練り直しながら日々の授業づくりを行いました。

子どもに気づきを与え、思考を活性化させる板書とはどのようなものかを繰り返し考えるうちに、少しずつ私の中で大切なことが分かってくるような感覚がありました。

黒板はただの板書き（いたがき）ではないこと、子どもの思考の過程と深まりが表れなければ、子どもの学び方は変わらないことに気づいていきました。そして、板書を構造化するためには、子どもの様子を想像しながら教材研究をすることが重要であることに気づきました。

この１年間は、私にとって忘れられない１年になりました。少しずつ子どもたちの考えを整理し、意図した気づきを与える板書をつくれるようになってくると、板書した内容を見ながら生き生きと発言したり、比べたり、つなげたりしながら仲間と学び合う子どもたちの姿に出会えたのです。

さらに、子どもたちは、私が板書を整理するために使うナンバリングや箇条書き、吹き出しなどのテクニックや、シンキングツールなどの思考方法を積極的に自分たちのノートや話し合いの場で使うようになりました。

いつの間にか、思考を可視化する手段を子どもたちが身につけていることに大変驚きました。

板書は、授業者と子どもをつなぐ場であるとともに、子どもと子ども、子どもと教材をつなぐ場でもあるということ、そして板書を構造化することは、子どもたちの学び方を多様にするということを実感しました。

本書は、私が個人研究テーマとして今日まで８年間取り組んできた構造的板書の実践をくわしく紹介する１冊となっています。

第１章では、板書の定義から板書の字が見やすくなる技まで、第２章では、板書を構造化する３つのポイントの紹介、そして第３章では、授業時間の全板書を公開するとともに、子どもたちの実際のノートも掲載しているので、板書と子どもたちの思考の流れがよく分かる内容となっています。

実際に受け持っている子どもたちの姿を想像しながら、何に気づかせたいか、どのように学んでほしいかを考えて授業づくりに役立ててもらえると嬉しいです。

巻末には、私のこだわりがつまった学習指導案も掲載しています。少しでも読者のみなさんのお役に立てれば幸いです。

2021年９月吉日

樋口　綾香

CONTENTS

CHAPTER 1

そもそも板書とは？

CHAPTER 2

板書を構造化するポイント

CHAPTER 3

構造的板書の実践事例

CHAPTER 1

そもそも
板書とは？

1 板書は授業者と子どもをつなぐ場！

板書の意義とは？

私たちは、毎日当たり前のように板書をします。そもそも板書は何のためにするのでしょうか。私は、以下３つを保証するために行っています。

子どもの学習活動を支えるもの

❶ **学習課題の把握**（何を学ぶか）
❷ **思考表現の場**（どのように学ぶか）
❸ **学習内容の理解**（何ができるようになるか）

板書によって、教室で学ぶ多様な子どもたちが少しでも学びやすい環境にすることができるだけでなく、より効果的な指導もできるようになります。

子どもと教材をつなぐ板書！

板書そのものは、国語教室における重要な機能と役割をもつことから、これまでにも多くの研究が行われてきました。

その研究の過程で、国語教育における学習・指導のあり方と板書は密接に関わり合っていることも明らかになり、板書の内容とその質は、学習・指導のありようや子どもの姿を反映するものとして見られるようになりました。

板書は、ただの板書き（いたが）ではなく、授業者と子どもをつなぐ場であるとともに、子どもと教材をつなぐ場でもあります。

そのつながりが、より豊かに、より深く思考を巡らす場所になることをめざして板書を研究していると、一冊の本に出会いました。

それは、『国語科板書事項の精選と構造化（双書板書研究１）』（井上弘監修／明治図書出版）という本です。

この本は1971年に出版され、学校という場所に黒板が導入されてから、どのように板書が発展してきたかという歴史だけでなく、板書の構造化についても詳しく書かれていました。

心に残ったのは、授業者は、指導事項だけでなく教材そのものも構造化して捉え、それを板書に生かすという方法です。

そうすることで、板書は、学習指導上の一つの手段であり、技術となります。

板書は授業者と子ども、子どもと教材をつないでいる！

ポイント

★ 板書で子どもが学びやすい環境をつくることができる！
★ 板書は授業者と子ども、子どもと教材をつなぐ！

2 板書には「見やすさ・型・構造化・言葉かけ」が必要

板書についてのアンケートから分かったこと

どんな板書でも書けばよいというものではありません。

子どもの思考が活性化したり、整理されて大事な内容が捉えやすくなったりするよう、板書は子どもの学習活動を意識して工夫する必要があります。

私は、2017年度と2019年度に子どもたちに板書の必要性やどんな板書がいいかについてアンケートをとりました。主なアンケート内容と回答は次のとおりです。

「授業中に板書は必要ですか？　それはなぜですか？」

「必要」と答えた子どもが多数いました。また、その理由として、

・何を考えればいいかがすぐに分かるし、確認できるから。

・授業が終わったときに、学んだことがパッと分かるから。

といったことを挙げていました。

「どんな板書がいいですか？」という質問に対しては、

・大きな字で見やすくてきれいな板書がいい。

・大事なところが分かる板書。

・表などで整理された板書。

という意見がありました。

板書の意義を保証する４つのポイントとは？

アンケート結果から、改めて板書の見やすさ、型、構造化が大切であると気づかされました。

さらに、板書を子どもたちが活用し、ノートづくりと連動して自分の考えをより豊かに表現できる子どもたちを育てるためには、それらを支える**教師からの「言葉かけ」が重要である**と考えるようになりました。

これから板書の意義を保証する４つのポイント「見やすさ・型・構造化・言葉かけ」について詳しく述べていきます。

「見やすさ」と「型」は、視覚的な支援につながる技術であり、「構造化」と「言葉かけ」は、学習内容の深い理解や意欲の向上、安心して学べる環境づくりにつながる技術といえます。

これら４つを意識して板書するだけで、子どもがどんどん自分の考えを書くようになり、多様な意見が出ることで、授業全体も活性化していきます。

板書は見やすさ・型・構造化・言葉かけが大切！

ポイント

★ 思考の活性化を意識して板書を工夫する！
★「見やすさ・型・構造化・言葉かけ」が大切！

3 板書の見やすさ「大きさ・文字数・チョーク」

文字の大きさの基準を覚えておこう！

「大きな字で書いてほしい」

「字が小さくて見えにくい」

これらは高学年の教室でよく聞く子どもの言葉です。高学年になると、１時間の学習量が多いことから、板書の文字を小さくして書くことが多いのかもしれません。

しかし、子どもの年齢が上がるとともに、視力が低下する子が増えること、１クラスの人数が増えて教室の後方まで座席があることを考えると、一概に文字を小さくすることで対応するのがよいとは思えません。

私は、２年生から６年生まで、文字の大きさをほとんど変えていません。子どもたちにとって見やすく、文章のまとまりも捉えやすい大きさを意識して書いています。その基準としているのが、

１文字＝一辺10cmの正方形の文字

です。

正方形の文字にすると、縦に詰まったり横に広がったりすることがないため、量が調整され、見やすい文章を書くことができます。また、一辺10cmは漢字の大きさの基準で、ひらがなはこれよりも少し小さめにするとバランスよく書くことができます。

1年生では、文字数も揃える！

1年生は、まだ文字を学習して日が浅く、文字の抜けや行飛ばしが頻繁におきます。それらを防ぐために、文字の大きさをさらに大きく、見やすく書くだけでなく、**子どものノートの文字数と板書の文字数も揃えます。**

たとえば、縦に８文字のノートであれば、黒板も縦に８文字で改行します。

語句の途中で改行することもあるため、意味を捉えにくくなるデメリットはありますが、「この文字の横はこの文字」というように、教師と子どもがいっしょに確認することができたり、改行するところで行の最後まで書けていなければ、文字が抜けていることに自分で気がつくことができます。

初めは時間がかかりますが、毎日積み重ねていくことで、書く力が鍛えられ、文字数を合わせなくても書けるようになっていきます。

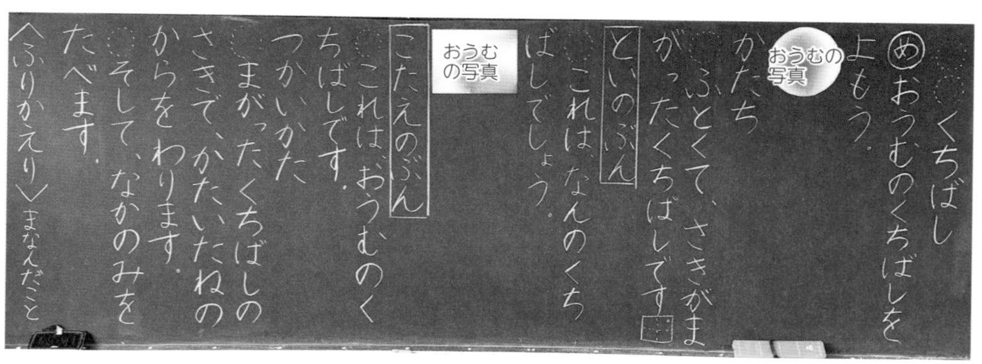

教材：「くちばし」（『こくご一上』光村図書、令和２年度版）

チョークの色を使い分ける！

授業を見ていると、授業が終わったときに書いたことがすべて白チョークのみのことがあります。どれだけ文字をきれいに書いても、どれだけ考えを整理して示しても、すべてが白チョークだと、大事なことが目立たず、子どもも気がつくことができません。考えの深まりも分かりません。

板書は、指示や発問を書くだけでなく、大事なこと、気づかせたいこと、深まった意見などを分かりやすく示すことにおいても重要な役割を果たします。**そこで、チョークの色に意味づけをして、授業の深まりを示す３次元のものに進化させます。**

私が子どもたちに示しているチョークの色の意味づけは次のとおりです。

白色…基本の色
　　→めあてや学習活動、発問など
黄色…大事な事柄、意見の強調
　　→押さえておきたい言葉、叙述から読み取ったこと、
　　　子どもから出た意見のつながりや重なりなど
橙色（蛍光）…最重要の事柄、意見の深まり
　　→押さえておくべき言葉、子どもの読みの深まりなど

赤色や青色はサイドラインや囲みに使うことには適していますが、明度が低いため、文字を書くことには適していません。蛍光の橙色は、黄色との違いも分かりやすく、見やすく書くことができます。４色を使用するときには、蛍光の緑色を使用しています。

最初の時間に、この使い分けを子どもと共有することで、子どもも色を意識してノートにまとめることができます。

飛び込み授業での板書

下の１年生の教材「やくそく」の板書は、飛び込み授業をした２時間目の板書です。このとき、注意したのは次の４点です。

・子どものノートが12マスだったことを意識して、めあての１行目の文字数を調整した
・拗音や促音の抜けや書く場所の間違いをできるだけ減らすため、空白やリーダー入りのマスを書いた
・書くことと書かないこと（考える・対話する）を教師が板書する前に伝えた
・チョークの色の意味を確認しながら板書した

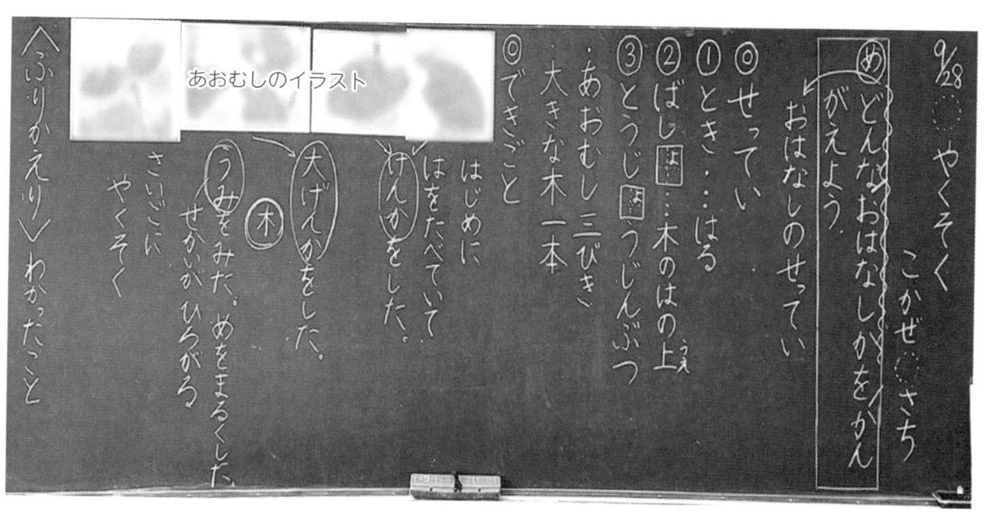

教材：「やくそく」（『こくご一上』光村図書、令和２年度版）

ポイント

★ 子どものノートの文字数と板書を揃える！
★ チョークの色を使い分ける！

板書の型「はじめ・なか・おわり」

型をつくる目的は「主体性を育てること」

「型」というのは、日常のルーティンと似ています。いつもすること、つまり「いつも書くこと」を決めておくのです。そうすることで、子どもたちは自然と学習の構えを身につけることができます。

国語の授業でも算数の授業でも、学習展開とともに黒板を３つに分け、「はじめ・なか・おわり」として考えます。はじめをＡ、なかをＢ、おわりをＣとすると、右ページのような配置の黒板になります。

「いつも書くこと」をできるだけ速く書く！

国語の授業で「いつも書くこと」は次のとおりです。

A……日付・教材名・作者（筆者）・めあて

C……振り返り

Ｂの部分は、めあてに対して、子どもたちが思考を広げたり深めたりする過程になるので、授業によって変わります。

Ａの「いつも書くこと」を、始業後、できるだけ速く書けるようになることが大切です。このルーティンは、繰り返すことで身についていきます。

２回目にできるようになる子もいれば、10回目にできる子もいるでしょう。できるまでの速さは一人ひとり違います。「字の丁寧さ」

や「書き上げるまでの時間」という観点で見ると、できあがりにおいても、個人差はあるでしょう。

しかし、子ども同士を比べるのではなく、その子の以前の姿と比べて、がんばりを認めるようにします。

「昨日よりも速く用意ができましたね」

「今日は字がとっても丁寧ですね」

「先生よりも速く書けたのですね」など…。

どの教科で、何をいつも書くかを理解しているということは、学習への構えだけでなく、安心感にもつながります。「分かる」「できる」を積み重ねるとともに、先生からの言葉によって、子どもは「成長している自分」に気づき、自分を誇らしく思ったり、「もっとがんばろう」とさらに意欲を向上させていくのです。

できないことを指摘するよりも、できていることに重点を置いて、できるだけ多くの声かけをしていきましょう。

〈 国語授業の板書の型 〉

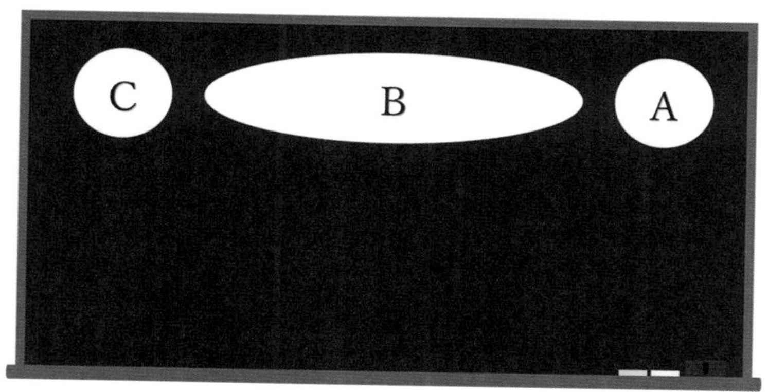

ポイント

★ 型は「主体性を育てること」が目的

★ いつも書くことは、日付、教材名、作者（筆者）、めあて、振り返り

5 板書の構造化

「教材を構造化する」ための分析方法とは？

板書を構造化するためには、教材を構造化する必要があります。

教材研究をする際、私はいつも**「内容的価値」と「表現上の特質」に分けて分析**をしています。

「内容的価値」とは、物語の場合、教材の中に描かれる人物の生き方や、変容に関わる出来事などのことで、説明文では、題材について書かれていることです。

「表現上の特質」とは、場面構成の特徴や描写、語句、語法などのことです。

この２つの視点で教材を読むとき、子どもの姿を想像し、「何を獲得させたいか→どこに焦点を当てるか→どう学ばせたいか」を考えながら授業づくりを行います。

子どもが教材と出会う際、多くの場合はお話の内容が「おもしろい」や「なるほど」といった内容的価値に関わる感想からスタートします。

教材を内容と表現の両面から分析することで、教材が精選され、子どもが教材の特質に気づき、読む活動を主体的に楽しめるよう教材を構造化して授業を工夫することができるのです。

板書の構造化と関わる学習過程

板書の構造化は、子どもの「読む活動」に気づきを与え、喜びを得る手立てになります。

「読む活動」とは、子どもが教材と出会い、学習課題に対して、自分で予想や疑問をもち、読み深め、予想や疑問が明らかになるという、目的をもった活動です。

子どもたちの「読む活動」を学習過程にあてはめると、次のようになります

【単元全体を通した「読む活動」】

①教材と出会い、めあてをもつ段階

⇩

②問いをもつ段階

⇩

③読みを深める段階

⇩

④読んだことを生かして、読み広げる段階

単元の導入から終末まで、子どもたちは「読む活動」を行っていることが分かります。

教材や板書を構造化することで、子どもが主体的に気づきや発見を得て、「読む活動」が広がり、深まっていくのです。

ポイント

★ 板書を構造化するために、まず教材を構造化する！
★ 板書の構造化で「読む活動」が広がる！

6

板書の効果がアップする言葉かけ

言葉かけでさらにノートが書きたくなる!

主体的な「読む活動」を支えるのは、構造化された教材や板書だけではありません。「言葉かけ」も重要な指導技術になります。

また、言葉かけのタイミングによって、子どもたちはさらに思考を広げたり、ノートに書いている内容を深化させたりします。

子どもの意欲を向上させ、もっとノートが書きたくなるように、「授業初め」「授業中」「授業後」の言葉かけを意図的に行います。

授業初めの言葉かけ

とにかくモチベーションを高めたいのが授業前です。

「もうノート開いて下敷きも敷けているね!」
「鉛筆ぴんぴん! やる気を感じる!」
「黒板、こんなにきれいに消してくれたの、だれ? 嬉しい!」

授業の準備ができていない子もいるかもしれません。

しかし、できていない子は指摘せずに、できている子に目を向けて声かけをするようにしています。

また、授業につながる些細な子どものがんばりも見逃さず、短時間にたくさんのほめ言葉を口にします。続けると、授業の準備が速くなるだけでなく、参加率も上昇します。

授業中の言葉かけ

指示や発問によって、子どもたちがノートに自分の考えを書く活動をするとき、教師は机間指導を行います。

机間指導中、**「子どもが安心して活動できる」「思考を促す手がかりになる」**の２つを意識して言葉かけをしています。

活動に入ってすぐに書き始めた子のところへ行き、**書いていることをつぶやいたり、観点を全体へ広げたり**します。迷いや不安が解消されて、書き進められる子が増えます。

また、活動中はいつでも対話していいことも伝えています。

授業後の言葉かけ

子どもたちが書いたノートを読み、コメントを書きます。コメントは、「形式的な評価」と「内容の評価」に分かれます。

「形式的な評価」は、文字の丁寧さや分量、提出できたという事実を認めるなどの評価です。

「内容の評価」は、子どもの考えの豊かさや、学習課題と照らしてよい気づきなどについての評価です。

次時の初めに「内容の評価」を全体に返すと、学びが深まるだけでなく、次の課題解決にもつながるでしょう。

ポイント

★ ノートがもっと書きたくなる言葉かけをする！
★ 授業初め、授業中、授業後の言葉かけを意図的に！

7 発問によって板書の方法を変える！

子どもの発言の重要な点を聞き逃さない！

私の授業を参観された先生に、「どうやって子どもの発言を板書しているのですか」とよく聞かれます。私が板書する姿を見ていると、「迷いなく板書しているように見える」ということらしいのですが、全くそんなことはありません。いつも迷っています（笑）。

子どもの発言は、「そんなところに気づいたのか」と驚く発言や、「もう少し詳しく聞いて多様な意見を引き出したい」と全体に返したくなる発言など、その種類はさまざまです。

しかし、**教材研究をすればするほど、子どもの発言の質を瞬時に捉えることができ、残すべき言葉や広げるべき発言を判断できる**のではないかと感じています。

発問によって書き分ける！

授業時間には限りがあるため、できるだけ多くの発言を引き出したいと思うのは、どの教師も同じではないかと思います。そこで私は、発問によって板書の仕方を変えることにしています。

多様な発言を出させたいときは、短い文や言葉（単語）で板書します。それ以外のときには、できるだけ子どもの表現で書くようにします。

ただし、子どもは言葉の言い間違いや言葉が足りない場合がよくあります。板書するときには**発言者の言いたいことをきちんと理解し、言葉を補ったり言い換えたりしながら、すべての子どもにとって分かりやすい表現で板書**するようにしています。

〈 短い文や言葉での板書 〉

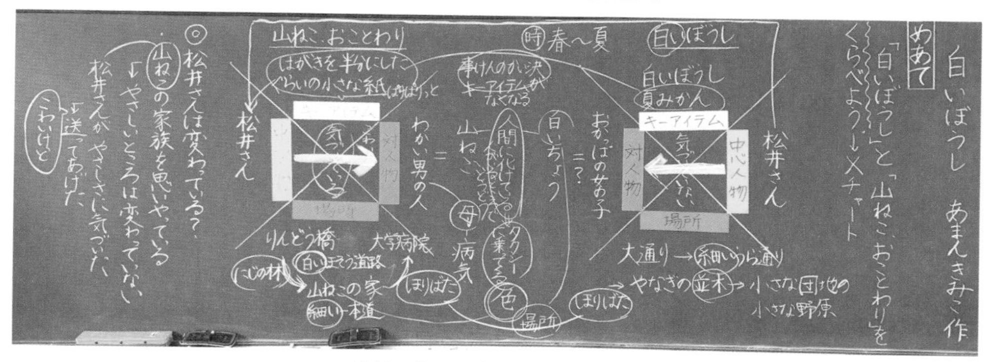

教材：「白いぼうし」（『国語四上』光村図書、令和２年度版）

〈 子どもの表現での板書 〉

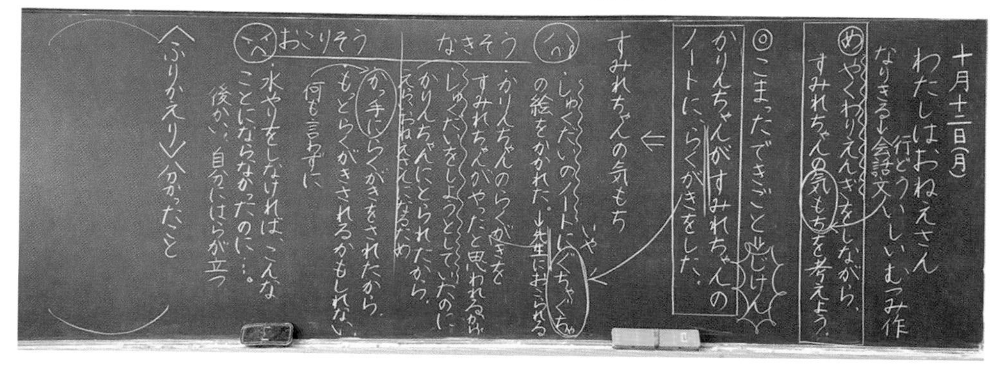

教材：「私はおねえさん」（『こくご二下』光村図書、令和２年度版）

ポイント

★ 教材研究で、子どもの発言を瞬時に捉える！
★ 発問によって書き分ける！

CHAPTER 2

板書を構造化するポイント

1

「板書の構造化」の3つのポイント

板書を構造化する目的とは？

板書は、

- **子どもの思考の流れを残すもの**
- **子どもの思考を拡充させるもの**
- **子どもの思考を深化させるもの**

でありたいと考えていますが、子どもの思考を活性化させることはそう簡単なことではありません。

しかし、言葉だけでは分かりにくいことを少し可視化するだけで分かりやすくなったり、整理の仕方を工夫するだけで考えやすくなったりした経験はありませんか。

教師が教えすぎることはよくないですが、**よき支援者であろうとすることは大切な視点**です。すべてを教師が教えなくても、**自然と気づく、思考が促される、深く考えてみたくなる**、そのような作用を生み出すのが、「構造的板書」の目的です。

「構造的板書」は、ただ単に思考ツールを取り入れた板書ではありません。めあてや振り返りとともに、１時間の学習の流れが分かり、子どもの思考が見える板書のことです。

構造的板書は、**３つの視点**でつくります。

ポイント①「広げる」

板書で子どもたちの考えを広げていくことで、学習を自分ごとにします。「広げる」方法はある地点から**放射状に考えを広げる場合**と、段階や観点などによって**整理しながら考えを広げる場合**があります。

これら２つの思考方法を構造化します。たとえば、授業の導入で「日本の文化を発信しよう」という課題を提示したとします。その後、すぐに教材文を読むと、子どもたちは日本の文化について考えることもなく、教材はただ与えられるものになってしまいます。

次のように展開すると、黒板も、教材も構造化され、子どもたちの思考は活性化し、学習が自分ごとになります。

①黒板に「課題：日本の文化を発信しよう」と書く。

②「日本の文化って何だろう」と発問する。

③子どもたちは、ノートに考えを書く（思いついた順に箇条書き）。

④発表を聞いて、板書する。

④のときに、課題の周りに吹き出しなどで子どもの意見を書くのが放射状に考えを広げる板書、衣食住など観点に分けて板書するのが整理しながら考えを広げる板書です。

子どもから出た意見を単元の言語活動に生かせば、**つながりのある構造化された単元計画**になります。

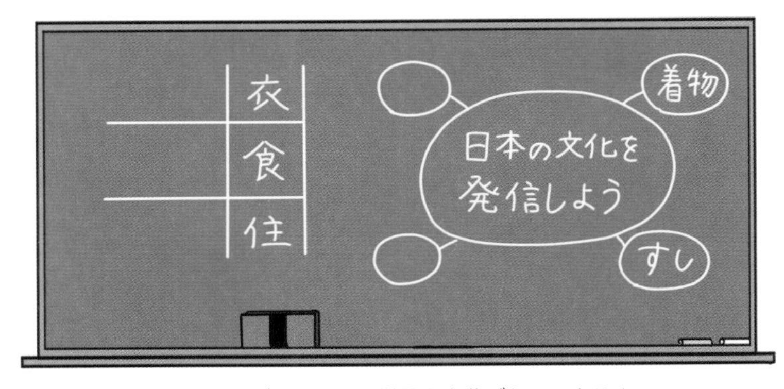

考えを広げることで、学習を自分ごとにできる！

ポイント②「整理する」

教材をある観点で整理することで、気づきを与え、思考を促す方法です。観点は、**教材研究をするときの観点が有効**です。

〈物語文の場合〉

・構造（現実→非現実→現実／現在→過去→現在など）

・場面展開（冒頭→事件の起こり→事件の変化→事件の解決→結末）

・設定（時・場所・登場人物）

・人物の役割（中心人物・対人物・脇役）

・人物の心情（人物像・見方・考え方・人物関係）

・地の文と会話文

・表現の工夫（情景描写・色彩語・比喩・オノマトペなど）

・題名　・挿絵　・変容　・主題　・キーアイテム

〈説明文の場合〉

・段落構成（序論→本論→結論）

・問いと答え

・表現の工夫（接続語・問いかけ・呼びかけなど）

・要点、要約、要旨

・事例　・資料

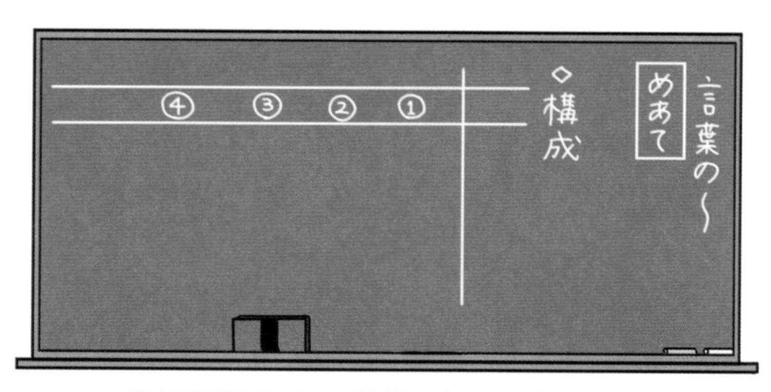

教材を整理することで、子どもの気づきを引き出せる！

ポイント③「比較する」

比較することで、気づきを与え、思考を深めます。

比較も、教材研究をするときの観点で教材を構造化し、子どもをより深い読みへと誘います。

たとえば、物語文なら、Aには冒頭場面の中心人物の様子、Bには結末場面の中心人物の様子を当てはめます。中央の重なりには、中心人物が変容するきっかけとなる事件を書くと、物語全体が俯瞰できます。

場面を比較する以外にも、同じような構図の挿絵、同じセリフ、似ている出来事などの比較にも有効です。

物語文は、随所に「繰り返し」が散りばめられています。「この表現は前にも出てきた」「似ている場面があった」と気づきながら読むことで、その変化や違いに隠された重要な点に気づくことができ、読みは深くなるのです。

しかし、子どもたちは、この小さな変化や違いを読み落としてしまいがちです。

比較の構造的板書を取り入れることで、情報と情報の相違点や共通点を主体的に見つけられるだけでなく、「なぜ違いがあるのか」「なぜ変わったのか」と問えば、発問によってさらに思考が深まります。

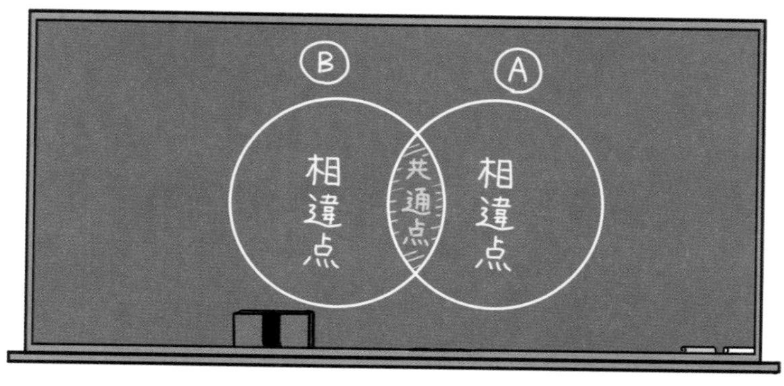

比較することで、子どもの思考が深まる！

2

板書の構造化 ポイント①「広げる」

板書を構造化するポイント「広げる」とは？

「広げる」とは、思考を拡散する、つまり考えを点から面へと広げるイメージです。たとえば、１つの言葉から連想される言葉を増やす学習や、個人がもつイメージを共有しながら、クラス全体のイメージを創造する活動のときに、思考を広げる構造的板書を取り入れます。

取り入れやすいシンキングツールは、「クラゲチャート」や「イメージマップ」です。

クラゲチャートは、クラゲの頭１つに対し、足が複数あります。頭には、抽象的な言葉を入れ、足には具体的な内容を入れ、思考を広げていきます。イメージマップは、さまざまな活用の仕方があります。物語文では、「人物イメージマップ」として「人物の特徴」を考えるときに役立ちます。

また、言語学習では、「気持ち」を表す言葉、「動き」を表す言葉など、語彙を増やすときにも大変使いやすいシンキングツールです。

増やした言葉をさらに分類して色チョークなどでカテゴライズする「ウェビングマップ」にすれば、情報を整理することもできます。

思考を広げるチャートやマップの描き方の手順

①キーワードとなる単語や文を黒板の真ん中に書く。

②そこから派生させ、１つか２つ、例を書く。
③子どもがノートやワークシートに自分の考えをどんどん書き込む。
④いくつか書き出している子のノートを電子黒板に映したり、ペアやグループで考えを交流して、考えを広げる。
⑤全体で意見を発表させ、板書する。
⑥全体を俯瞰し、分類や整理をする。

〈 思考を広げる「クラゲチャート」 〉

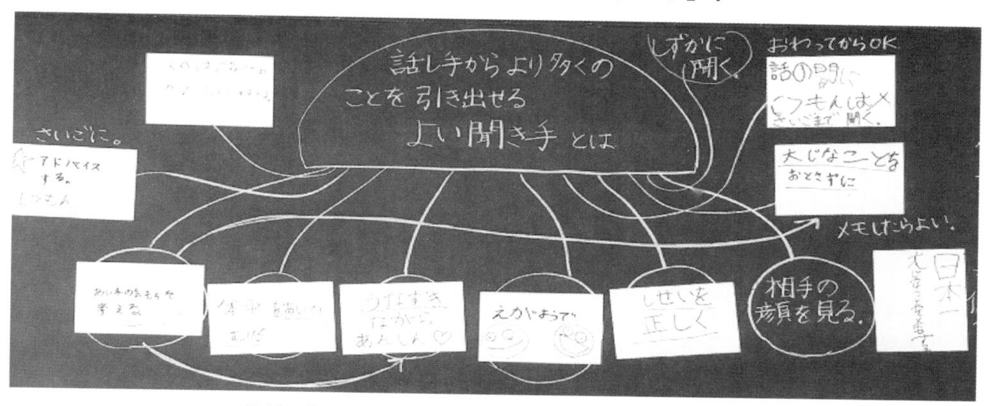

教材：「よい聞き手になろう」（『国語三上』光村図書、平成27年度版）

〈 思考を広げる「人物イメージマップ」 〉

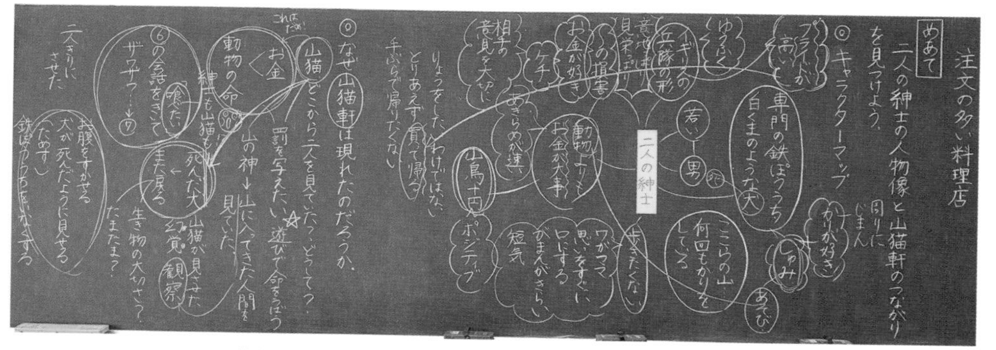

教材：「注文の多い料理店」（『新しい国語五』東京書籍、令和２年度版）

3 実践例「人物イメージマップ」

人物イメージマップを用いた授業の進め方

人物イメージマップは、どの学年でも使用することができます。

イメージマップには、「本文に書かれていることを書く」ということを基本にして、そこからさらに子どもたちが想像したことも区別して書き加えていくと、いっそう考えが広がっていきます。

イメージマップとXチャートやマトリクスを組み合わせて、書く内容をカテゴライズすれば、子どもたちにより気づきを与える板書にもなるでしょう。

考えを深めるポイントとして、収束型の発問（p.35参照）と組み合わせたり、中心人物と対人物の共通点や相違点を見出すようにすると、一面的であった人物関係に奥行きが出て、子どもたちが主体的に読み深める授業を組み立てることができます。

〈1年生教材「おとうとねずみチロ」2時間目の授業〉

①めあてを全員が把握した後、「チロの特徴探しをするよ」と子どもたちに伝える。

②「特徴って何だろう」と投げかける。

私はいつも、特徴は「自分の名前」「住んでいるところ」「得意なこと」「苦手なこと」「年齢」など、自己紹介のときに話すこと、と伝えています。「自己紹介のときに、みんなはどんなことを伝える？」と聞いて、物語の人物の特徴と合う事柄を確認していくとよいでしょう。

③本文を読み、チロの特徴を探す。

チロの特徴は、話の初めにたくさん出てきます。「先生が読むので、チロの特徴が書いてあるところに、線を引きましょう」と指示を出します。

④線を引いた場所を近くの子どもと確かめ合う。

最初のうちは何が人物の特徴なのか、まだ捉えられていない子どもも多くいるでしょう。少しでも子どもの不安が解消されるように、ペアやグループでの確認を入れながら、まず一人で考えてみる、ペアやグループでノートを見せ合い、特徴を書き足すなどのスモールステップを意識して学習を進めます。

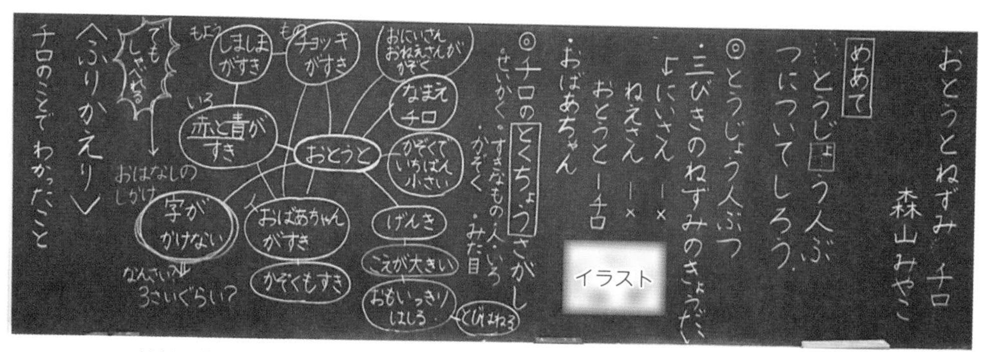

教材：「おとうとねずみチロ」（『あたらしいこくご一上』東京書籍、令和２年度版）

⑤ノートの真ん中に「おとうと」と書き、イメージマップを説明する。

いよいよイメージマップを使って、考えを広げていきます。

「『おとうと』とノートの真ん中に書きましょう」と言っただけで、「え？チロじゃないの？」とつぶやく子どもがたくさんいます。「名前も特徴なんだよ」と伝え、さっそく枝をつけて、「名前はチロ」という丸囲みを書き加えます。「こんなふうに、『おとうと』の周りに特徴をたくさん書こう」と拡散型の発問をし、活動をスタートさせます。

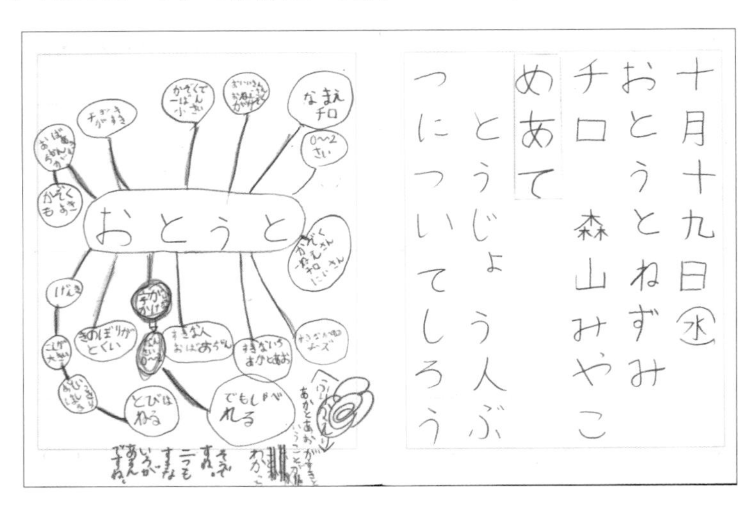

⑥すぐに書き始められた子どものノートを電子黒板に映しながら机間指導をする。

すぐに書き始められる子どもと、そうではない子どもがいます。分かっていても不安で書き進められない子どものために、いくつか書き始めた子どものノートを写真に撮り、電子黒板で大きく映し出します。

イメージマップはきれいに書く必要はありません。また、縦書きでも横書きでも問題ありません。子どもの思考ができるだけスムーズに書き出せるように、「こう書いたらいいよ」「こんな書き方もあるね」という意味も込めて電子黒板で映します。

⑦子どもの意見を全体で共有する。

イメージマップにどんなことを書いたのか尋ね、出た意見を板書していきます。このとき、自分のノートにないことが出てきたら、書き足してもよいことを伝えます。

このように伝えると、自分の考えと友達の考えを比べながら聞く子どもが増え、「すべて写しましょう」という指示よりも注意深く聞けるようになります。

⑧「どの特徴がいちばん大事だろう」と問う。

さまざまな特徴が出てきた後、「これだけたくさんの特徴があるけれど、どれがいちばん大事かな」と問うことで、話の中で事件や事件の解決につながる人物の大事な特徴に気づく力をつけます。

これが、収束型の発問です。収束へ向かうときには、色チョークを使い、子どもたちの考えの深まりを可視化します。

ここで子どもは、「字が書けない」という特徴に注目しました。もし字が書けていたとしたら、この話の中で二度にわたってチロからおばあちゃんに送られる「声の手紙」がなくなってしまいます。

そして、私は「チロは何歳くらいだろう」と追発問をしました。話に浸り、人物の心情を想像しやすいように、より人物の具体的なイメージを広げてほしかったからです。

収束型の発問で深まった子どもの考えを、さらに拡散したのです。

このような子どもの思考の流れを板書に残しながら、振り返りでは、チロについて読み深めたことを書いて、授業を終えました。

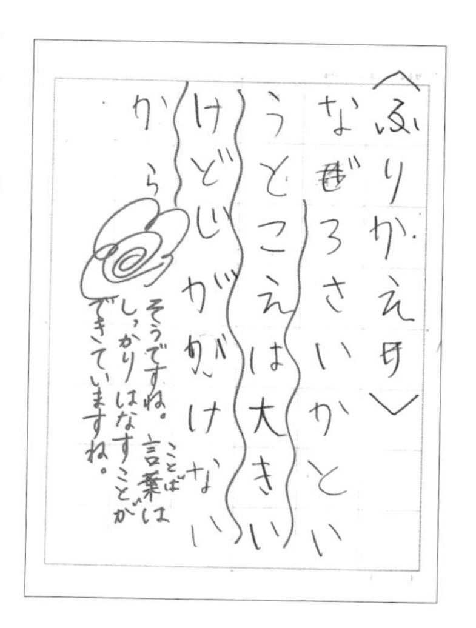

板書の構造化
ポイント②「整理する」

板書を構造化するポイント「整理する」とは？

物語文や説明文で整理する場面とは、どのようなときでしょうか。

たとえば、物語文で、「全体を捉える」という課題のとき、場面ごとに「時・場所・出来事」などを整理します。

説明文では、各段落ごとに何が述べられているか、中心文を抜き出したり、要約をしたりして、構成を考えます。

つまり、本文から情報を抜き出し、その情報と情報を関連づけます。このとき、整理するための道具があると便利です。

整理するときに、よく子どもに与えられるものは、表や図が書いてあるワークシートです。

与えられたワークシートだけでも十分に子どもは活用し、協働的に学習することができるでしょう。

しかし、さらに子どもたちに気づきを与えられる道具があります。

それは、**ワークシートを取り入れた構造的板書**です。

「構成マトリクス」と「感想マトリクス」

物語文や説明文全体の構成を捉える表である「構成マトリクス」、初発の感想から気づかせたいポイントや話題を明確にできる「感想マトリクス」などをワークシートにプラスして、板書に取り入れます。

すると、全体をクラス全員で俯瞰できるため、「整理する」という視点から、「比較する」という視点へ自然と誘うことができます。

〈 全体の構成を捉える「構成マトリクス」 〉

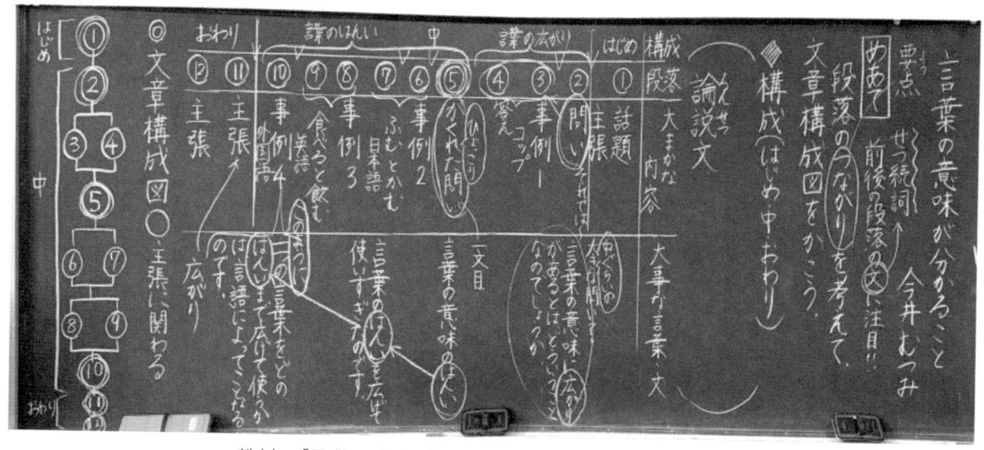

教材：「言葉の意味が分かること」（『国語五』光村図書、令和２年度版）

〈 話題を明確にできる「感想マトリクス」 〉

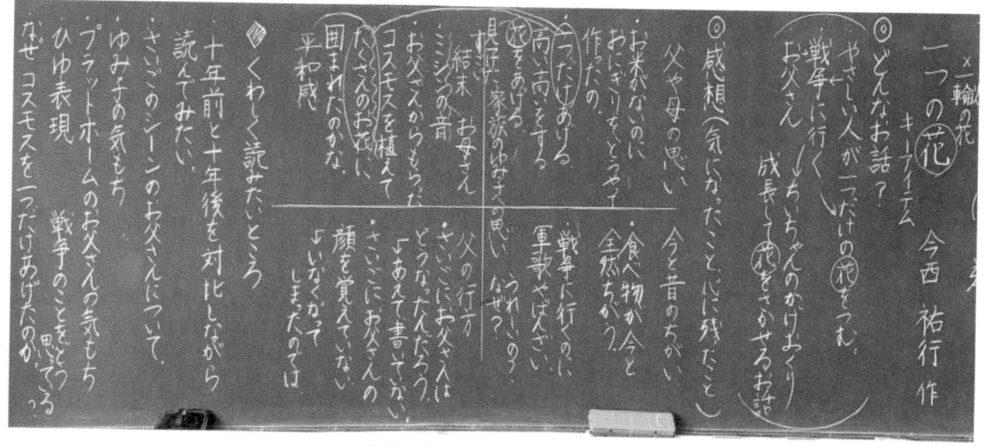

教材：「一つの花」（『国語四上』光村図書、令和２年度版）

5 実践例「構成マトリクス」

「構成マトリクス」を用いた授業の進め方

３年生の「ちいちゃんのかげおくり」では、物語の中で時が細かく進むところと、一気に進むところがあります。そのため、時を表す言葉を見つけながら、丁寧に場面の出来事を読むことが、ちいちゃんの心情を考えるうえで重要になります。

しかし、時を表す言葉のすべてが分かりやすく書かれているわけではありません。子どもが、言葉に着目して、見つけていくこと、見つけた言葉を整理できるワークシートを準備し、さらに、全体を俯瞰して見ることで、気づきを与えられる板書を構成します。

この「構成マトリクス」は、ワークシートを板書の中に位置づけることで良さを発揮します。ワークシートがあるなら、板書はいらないと思われる方もいるかもしれません。

しかし、子どもが手元で作成したワークシートを板書に取り入れると、全員の考えを共有する場であるとともに、俯瞰して場面全体を捉えられるため、考えはさらに整理され、思考は活性化します。

その結果、自然と場面の移り変わりを捉えながら場面同士を比較する視点をもつため、深く考えようとする子どもに出会えます。

⑤の、深める発問の後の発表は、子どもがワークシートに書き込んだ内容を根拠にして発表をします。根拠がすぐ横の表に整理されていることから、発表内容を板書しつつ、その根拠も色チョークで示して

いくことができます。意見と場面のつながりを可視化できるので、子どもは場面を整理しながら作品の全体を理解していきます。本単元の目標である「場面の移り変わりを読む」につながる視点を養うことができるでしょう。

ワークシートを板書と対応させることで、教材の構造を把握する手立てとなったり、子どもと読みの方向性を共有したりすることができます。

〈３年生教材「ちいちゃんのかげおくり」２時間目の授業〉

①「設定の３要素は何かな」と伝える。

ワークシートに情報を整理するための観点をもたせます。

②「お話を時・場所・人物の３観点で整理しましょう」と投げかけ、１場面のみをいっしょに整理し、板書する。

まず音読し、時・場所・人物を見つけたらサイドラインを引くよう指示します。自分で２場面からできるように手順を伝えていきます。

「時を表す言葉」は、一日の中での時間、季節だけでなく何かをする前の日、次の日という表現や、情景描写からも読み取ることができます。小さな気づきも子どもとの交流の中で価値づけ、子どもが詳細な読みをできるように声かけをしていきます。

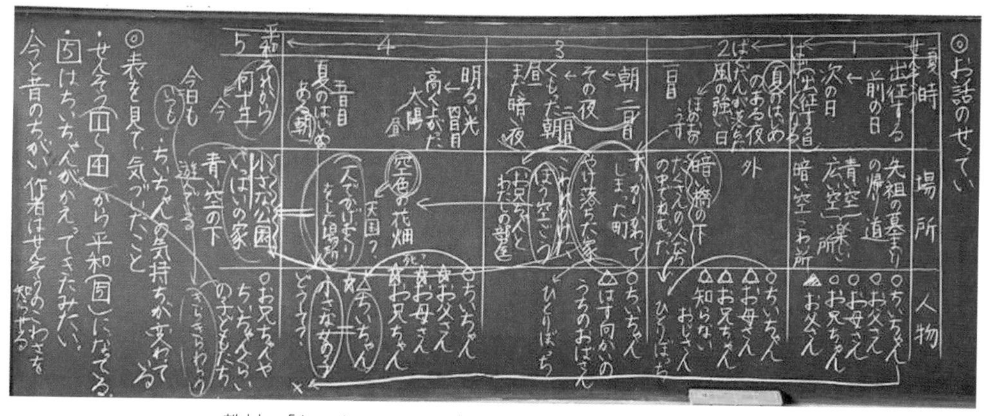

教材：「ちいちゃんのかげおくり」（『国語三下』光村図書、令和２年度版）

③２～５場面の整理は、子どもがグループで取り組む。

一人よりも、グループのほうが子どもたちは安心して取り組めます。なぜなら内容を共有しながら進められるからです。このワークシートを作成するために、議論が生まれているグループもたくさんありました。

たとえば、場所が「家→暗い橋の下→家」となっているところでは、「戻ってきている！」と気づいたり、「４場面のお父さん、お母さん、お兄ちゃんはそのまま書いていいのか。ちいちゃんは会えたと思っているけど、お父さんは出征していて、ここにいるはずはないし…」と話していたり…。

私は、グループの活動の様子を見守りながら、「よく気づいているね！」と詳細に読もうとする姿をほめたり、「本当だ。１場面に出てきた登場人物とは区別したいね。★マークをつけて、分かるようにしたら？」と伝えたりしました。この助言が、あとのグループ同士の交流でも生きてきます。指摘されたことを意識して向きあうようになるからです。①～③までで１時間の授業です。

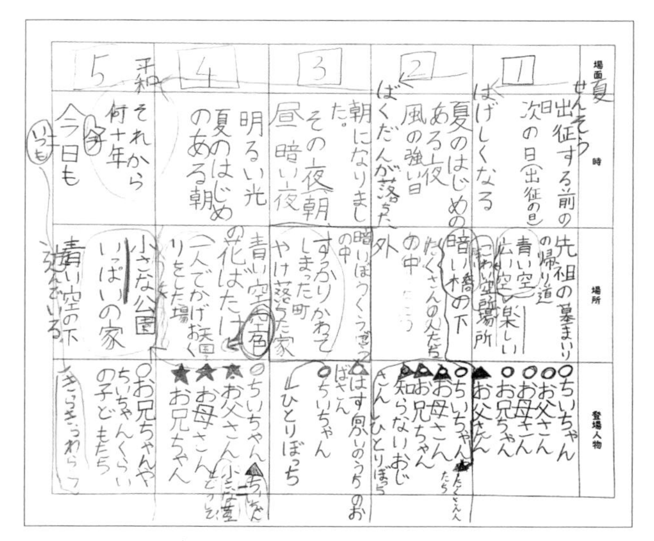

内容をまとめた子どものワークシート

〈３時間目の授業〉

④ワークシートに整理した内容を発表し、全体の構成を把握する。

グループでワークシートを作成していたので、授業のスタートは、３分ほど時間をとって、ほかのグループと交流しました。

少人数で自分のグループの気づきを伝え合うことを通して、自信をつけ、全体交流の際、活発に意見が出るようにします。

⑤整理した板書を見ながら、気づいたことをノートに書く。

整理して終わりならばワークシートだけで十分ですが、気づいたことをノートに書くことで子どもが自分の考えを持てるようになります。

板書を活用し、全体を俯瞰して気づきを促す発問（「場面を比べて、つながっているところはどんなところかな？」など）をすることで、思考がさらに深まります。

このときは「初めに登場していた人物がどんどんいなくなっていく」や「ちいちゃんは何日もひとりぼっちで過ごしている」といった意見が出ました。

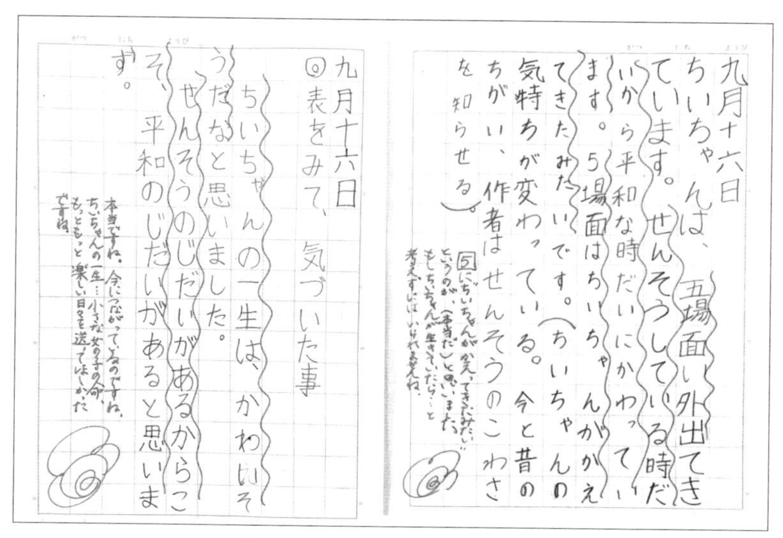

振り返りをする子どものノート

6 板書の構造化 ポイント③「比較する」

板書を構造化するポイント「比較する」とは？

「比較する」場面では、対象は必ず複数あります。比較の対象が２つのときと３つのときでは、板書が変わります。さらに、何のために比較するかを考えたときに、比較するための道具も変わってきます。

たとえば、冒頭と結末の中心人物の変容を捉えるために、「何が変わったか」を比較させようと考えたとします。子どもの活動は、

①冒頭の人物の心情を考える。
②結末の人物の心情を考える。
③２つを比べる。
④共通点や相違点を見つける。
⑤変容を捉える。

となります。これを順を追って活動させると、子どもは教師主導の授業の中で、活動“させられる”状態になります。また、①→②→③というように一方向に流れる思考になります。

しかし、子どもの思考は、本当に一方向でしょうか。

きっと子どもは、中心人物の変容を捉えるために、冒頭と結末を行ったり来たりしながら考えるでしょう。

一方向には流れない思考を残しやすくするために、構造的板書を取り入れます。シンキングツールや書く事柄の位置関係を見極めれば気づきを生み出したり、揺さぶりを与えたりすることができます。

〈 比較して思考を深める「出来事ベン図」〉

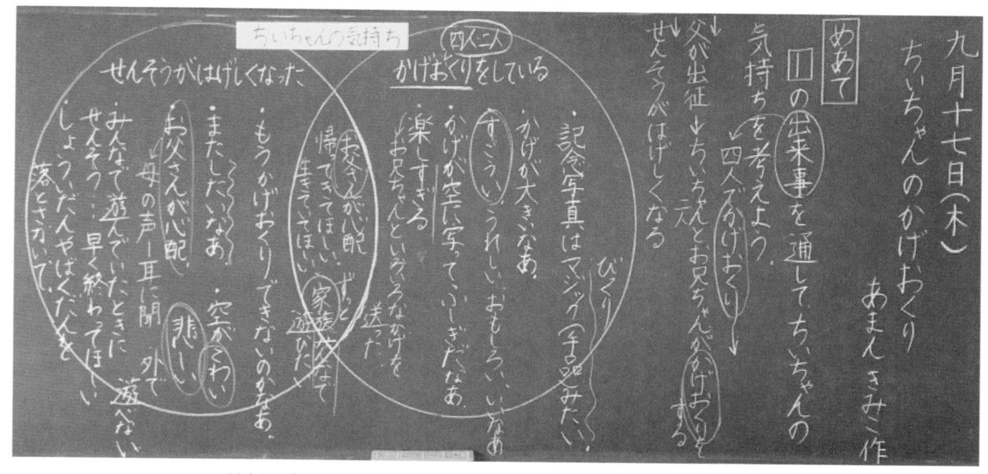

教材：「ちいちゃんのかげおくり」（『国語三下』光村図書、令和２年度版）

〈 比較して思考を深める「逆Ｙチャート」〉

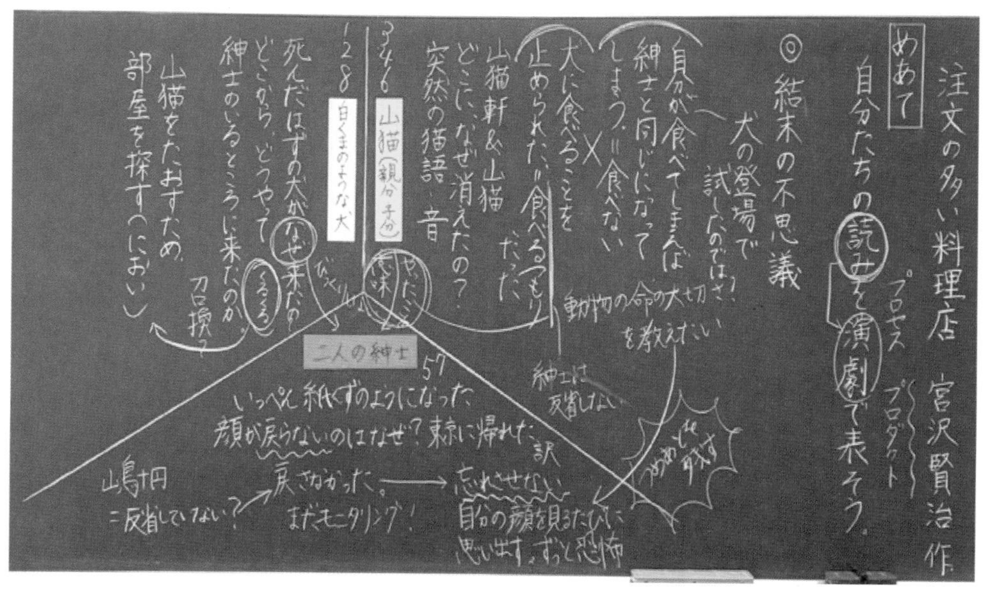

教材：「注文の多い料理店」（『新しい国語五』東京書籍、令和２年度版）

7 実践例「出来事ベン図」

「ベン図」を用いた授業「ごんぎつね」

ベン図は、２つの対象の共通点や相違点を考えるときに、使いやすいシンキングツールです。物語文の授業ではさらに「時」という軸をプラスして使うことで、２つの関連性をより多角的・多面的に捉えることができます。出来事の前後の様子や人物の冒頭と結末の様子など、さまざまな場面で応用することができるでしょう。

〈４年生教材「ごんぎつね」５時間目の授業〉

①題名・作者・めあてを書き、全員でめあてを音読する。

②「『事件』って何だったかな？」と問う。

「事件」という国語用語の意味を確かめる意図と「ごんぎつね」の事件を意識させる意図があります。国語用語は何度も繰り返し学ぶことで、意味が確かなものになり、使える言葉へと変わっていきます。

③ごんの気持ちを読み取るためには何に着目すればよいかを考える。

めあてにある課題を解決するために、何を手がかりにすればよいか、全員に見通しと方略をもたせます。ここでは、ごんの気持ちを読み取るために、「情景描写」と「行動描写」に着目することを確認し、それらをベン図の観点にしました。

④ベン図を書き、中央に「うなぎぬすみ事件」と書く。

ベン図は、後で子どもから出た意見を書きやすいように、コンパスを使って丁寧に描きます。上下二層に分け、上段には「情景・行動」、下段には上段から読み取れる「気持ち」を書けるように観点を書きます。

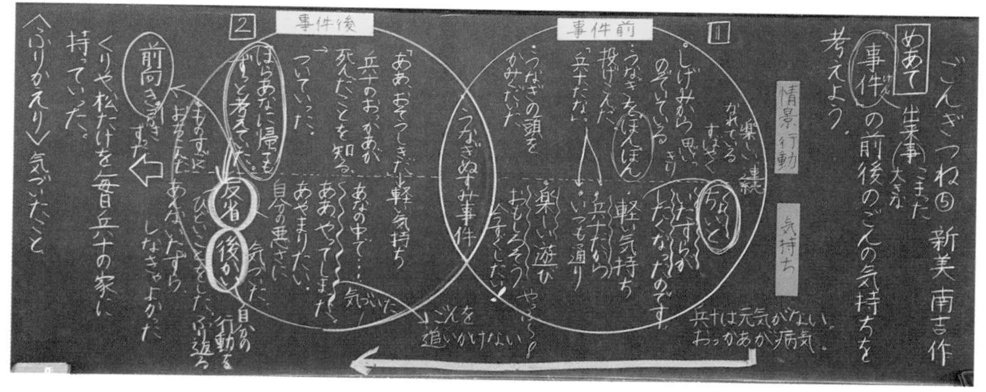

教材：「ごんぎつね」（『国語四下』光村図書、令和２年度版）

⑤「１・２場面を読んで、読み取ったことをベン図に書き込みましょう」と伝える。

活動は、まず一人でやってみます。それぞれで音読し、ごんの気持ちが表れている文章にサイドラインを引きます。サイドラインの箇所を短くまとめながら、ベン図に書き込んでいきます。

数分経ったところでグループやペア学習を取り入れます。ペア・グループ学習では、書いたことを伝え合い、自分のノートにない意見は、考えを聞き合いながら書き足します。そうすると、自分の考えが深まっていきます。机間指導をしながら、「情景描写」に着目している子どもをどんどん取り上げていきます。子どもは「情景描写」という用語をまだ学んだばかりです。使うことに慣れていない、見つけることに慣れていない子どもがたくさんいると考えられます。

「この文章も情景描写だね」「その情景から、どんな気持ちが読み取れる？」と声かけをしていきます。**目線は、子ども一人ひとり、声かけは全体に向けると、ほかの子どもにも見つける手立てとなります。**

⑥全体で交流する。

構造的板書を日常的に取り入れていると、子どもが、板書のどこにどんな内容を書いてほしいかを教師に伝えながら意見を言う姿が見られるようになります。

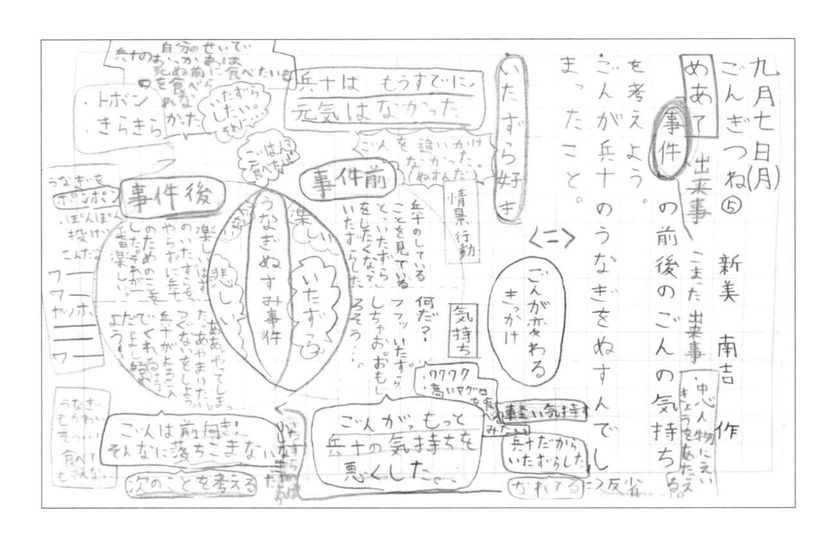

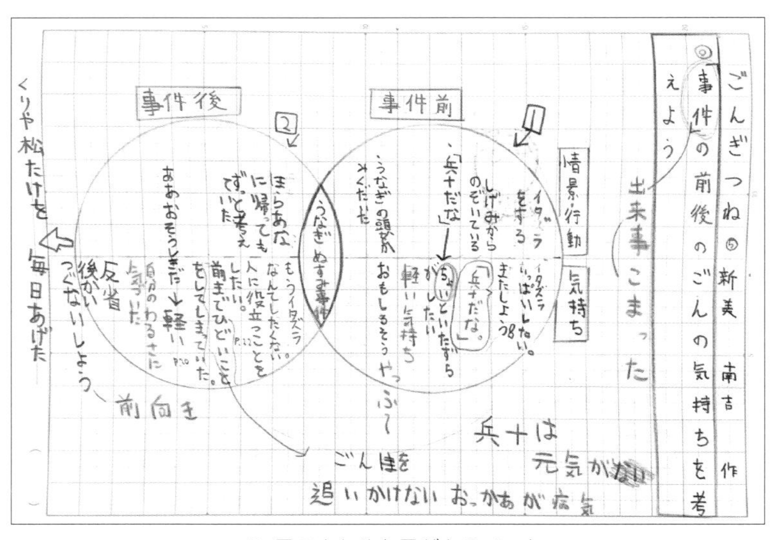

ベン図でまとめた子どものノート

この時間には、ごんの視点に立って文章を読み深めたことによって、兵十の様子や気持ちが気になった子どもがいて、その内容をベン図の外側に書いてほしいと言われました。

ごんの心情を捉えるためのベン図が、兵十とも関連するという気づきは、大変すばらしいと思います。

ほかの子どもも、「ごんの心情と兵十の様子は関係するから書いたほうがいいなあ」と言い、みんなで対話をしながら子どもの声で板書がつくられていきました。

⑦ごんの変化について、気づいたことを振り返りに書く。

振り返りは、めあてに戻り、事件の前後でごんの気持ちがどう変わったか（軽い気持ちでいたずらをした→後悔）をまとめ、その変化から気づいたことを書かせました。

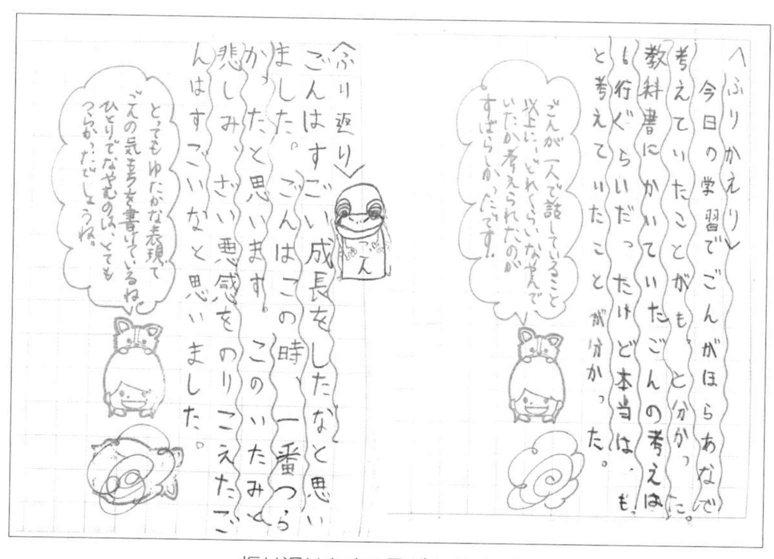

振り返りをする子どものノート

CHAPTER 3

構造的板書の
実践事例

1 単元丸ごと授業づくりを解説！

授業づくりのポイントは単元計画！

指導案をつくるとき、どこにいちばん時間をかけていますか？

私は、単元計画です。

単元計画を練る過程では、授業が教師の一方向的な思いで終わらないように、精一杯子どもたちのことを考えて作成するからです。

指導案は、まず単元計画を綿密に考え、単元での提案、本時で挑戦したい課題、研究テーマに照らした本時で見せたい子どもの姿へとつなげて考えていきます。

単元計画は、電車を走らせる線路？

私は、単元計画を練るとき、頭の中に、電車の始発駅から終着駅まで線路が続くように学習のスタートからゴールの学習展開を描いていきます。子どもたちと教師は一つの集合体。教師は運転手の役割も車掌の役割もします。

つまり、単元の流れを教師だけが理解している状態ではなく、子どもたちが自分ごととして捉えられる工夫が必要です。また、主体的な読む活動があらゆる場面で展開されるように、教材の構造化、精選による構造的板書の手立てが必要です。

つながりのある単元計画を立てる！

〈第１次〉

・教材と出会う。

・初発の感想を書く。

・学習課題を知る。

・学習課題を解決する見通しをもつ（子どもと単元計画を立てる）。

〈第２次〉

・教材を読み取り、学習課題を解決するための力をつける。

〈第３次〉

・身につけた力を生かして、学習課題を解決する。

・学習課題について共有し、読みを広げる。

ぶつ切りの授業では、子どもたちの学習は積み上がっていきません。学習を積み上げるポイントは、スタートとゴールがつながっているだけでなく、１時間１時間のつながりを考えて単元計画を立てることです。構造的板書は、このつながりを示す手段にもなります。

第２次で使ったシンキングツールを第３次でも使うなどの工夫は、子どもたちが自ら動き出す手立てになるでしょう。

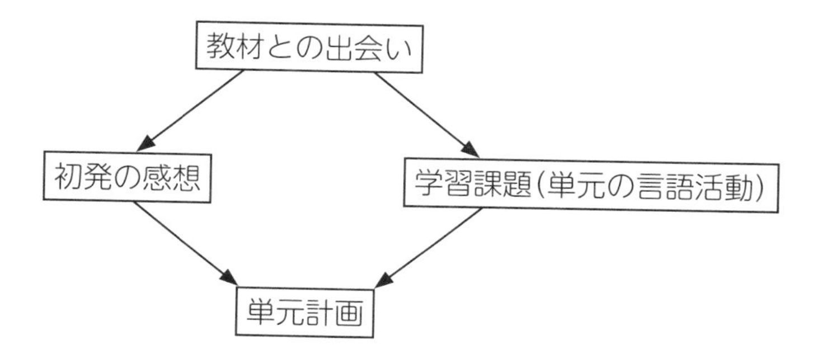

・学習課題を解決するために必要な力を確かめる。

・必要な力を獲得する学習の流れを確かめる。

2 「やくそく」（光村図書、1年）

単元の言語活動と計画

実際の授業の様子を、板書と子どものノートで紹介していきます（教材：「やくそく」『こくご一上』光村図書、令和２年度版）。

登場する三匹の青虫は、まだ広い世界を知りません。学校にやっと慣れてきた１年生と同じです。

１年生の子どもたちは、青虫の気持ちを考えることを通して、少しずつ物語世界に浸っていきます。役になりきることで、「やくそく」に込められた思いや、仲間がいることの喜び、チョウになって羽ばたいた彼らがしたことなど、想像豊かに読むことのできる教材です。

単元の言語活動　・なりきり音読発表会をしよう。

単元計画

❶ お話を読んで、感想を書こう。
❷ どんなお話かを考えよう。
❸ 二匹の青虫の気持ちを想像しよう。
❹ 三匹の青虫の気持ちを想像しよう。
❺ どうしてけんかをやめたのかを考えよう。
❻ やくそくをした三匹の青虫の気持ちを想像しよう。
❼ なりきり音読をしよう。
❽ なりきり音読の発表会をしよう。

1時間目　めあて：お話を読んで、感想を書こう。

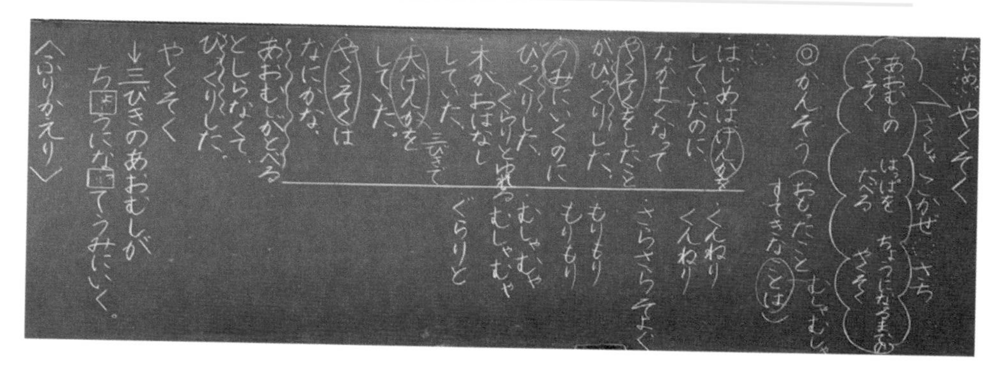

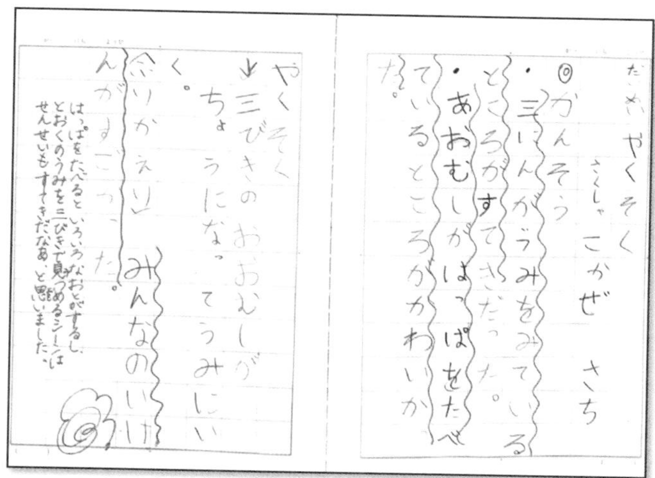

初発の感想は、ノートに箇条書きで書かせた。「箇条書きでいいよ」という一言で、短い文でもよいということが伝わり、子どもたちは安心して書き進められる。

板書解説

★ 机間指導中、すばやく書けている子のノートを見ながら「思ったこと」を具体的にする言葉かけを行った。たとえば、「素敵だと思ったんだね」「そこがかわいいと思ったんだね」というように、「思ったこと」をより具体的にする言葉かけである。これによって、「不思議なことも書いていい？」「おもしろかったところも書きたい」と子どもの考えは広がっていく。板書をする際は、上段に思ったこと、下段に素敵な言葉を書き、表現についても着目させたいと考えた。

2時間目　めあて：どんなお話かを考えよう。

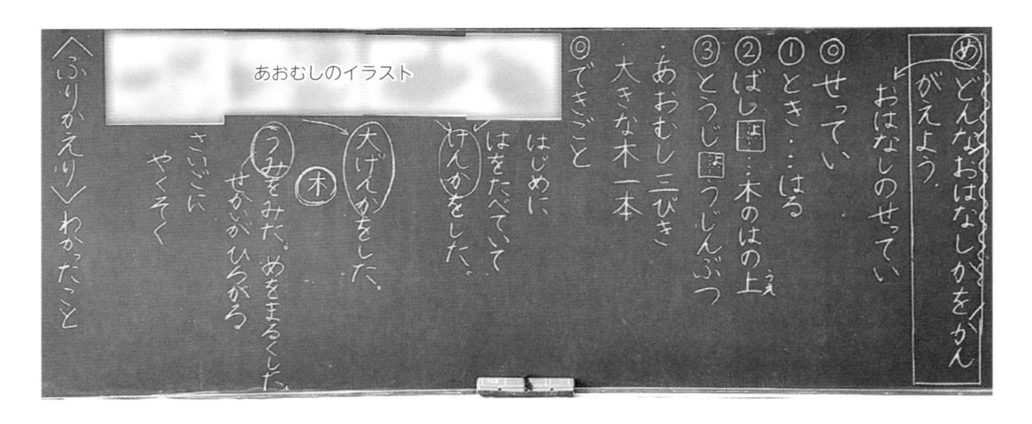

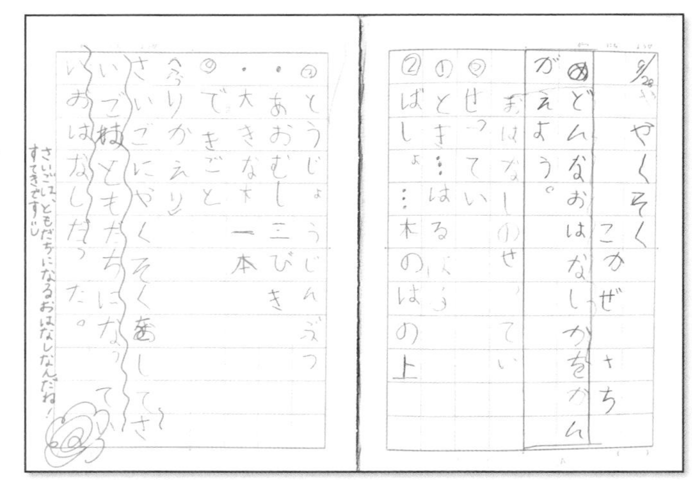

物語の設定については、本文全体を捉える大事な要素のため、めあてから設定まで、丁寧に視写をさせた。設定の読み取りについては、子どもからの意見をもとに板書している。

板書解説

★ めあてには「どんなお話か」という5W1Hを使い、子どもたちとめあてを音読した後に、「どんなお話か」に波線を引きながら、「このことを、お話の設定というんだよ」と言って、橙色のチョークで国語の学習用語を押さえた。

「設定」は、これから出会う物語を読むときに、この言葉を手がかりに「時・場所・人物」について、いつも即時に捉えてほしいため、あえて熟語で押さえている。

3時間目　めあて：二匹の青虫の気持ちを想像しよう。

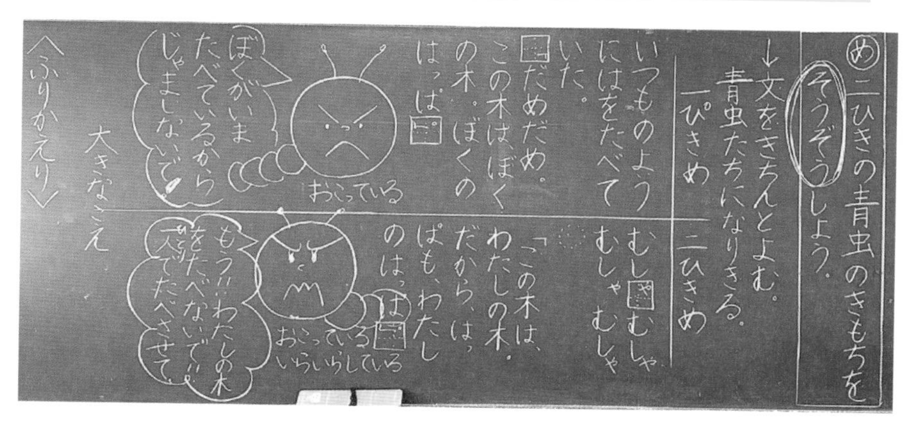

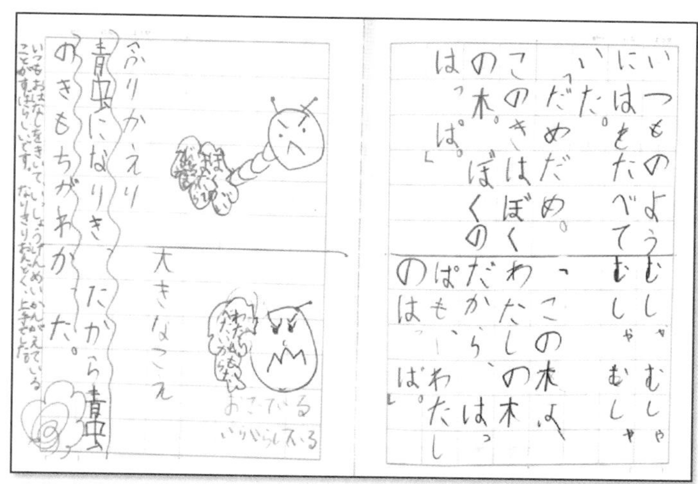

ここでは、板書もノートも二段対応表を使っている。青虫の表情を自分たちで描く活動を取り入れることによって、挿絵をよく見たり、自分で吹き出しの大きさを調整して楽しんで気持ちを表現できていた。

板書解説

★ めあてに書いた「想像」は、熟語だが、子どもたちにとっては身近な言葉である。「想像するために、どうしたらいいかな」と子どもたちに投げかけると、「文をきちんと読むこと」が出てきた。私はそこに、「青虫たちになりきる」という目標を橙色のチョークで追加して書いた。単元の言語活動である「なりきり音読」への伏線である。青虫の表情のポイントは、眉毛と口。子どもたちにポイントを教えると楽しんで描いてくれる。板書には見た目のユーモアも必要だ。

4時間目　めあて：三匹の青虫の気持ちを想像しよう。

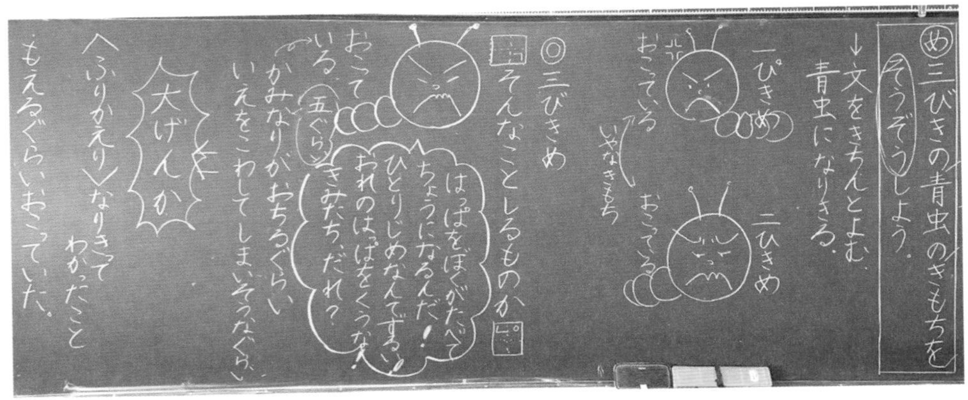

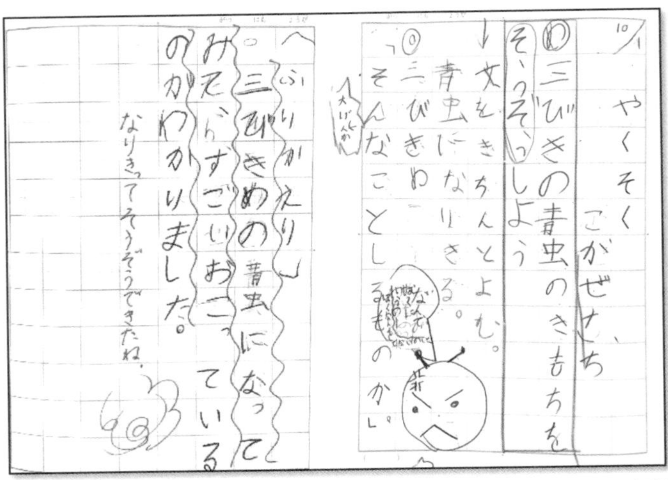

青虫の顔を描きたくてたまらない様子の子どもたち。青虫になりきって表現豊かに書けている子のノートを電子黒板に大きく映すと、子どもの関心が絵から表現へと少しずつ移っていく。

板書解説

★ めあてを書こうとすると、「三匹目の青虫の気持ちを想像するんでしょ！」と子どもの声が。これはチャンスだ。１年生のこの時期には、「めあては先生から与えられるもの」となっている場合が多い。しかし、学習活動は子どもの願いや思いに沿って組み立てられていて、子どもの予想や仮説なしには学習は深まらないのだ。そこで先ほどの子の発言に「なんで分かったの！？」と驚き、ほめる。そして、自分たちで学習を組み立てていること、一生懸命に自分の頭で考えていることのすばらしさを伝えた。

5時間目　めあて：どうしてけんかをやめたのかを考えよう。

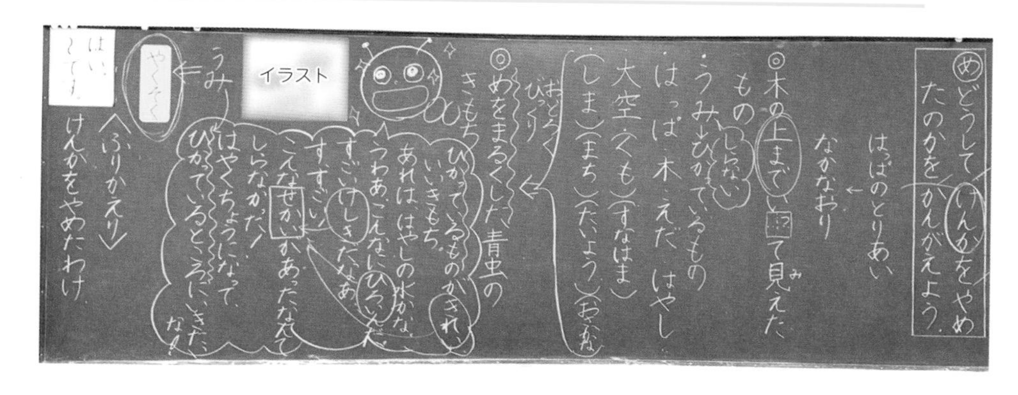

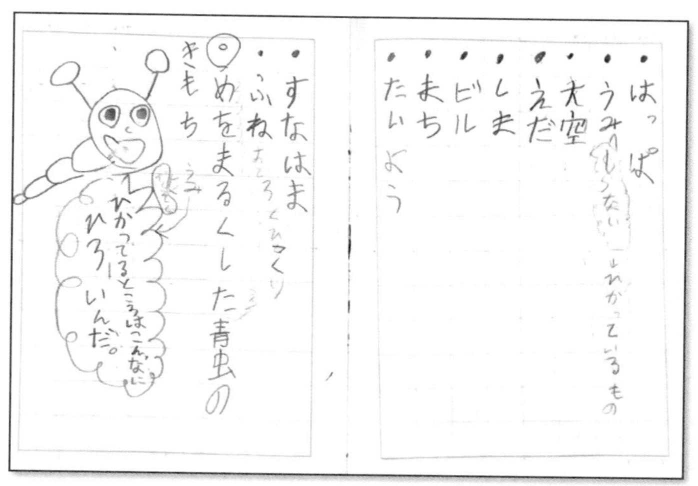

木の上まで行って見えたものは、箇条書きで書かせることで、物語世界を広げていく手立てになる。「目を丸くする」という慣用表現について動作化することで、気持ちを表現しやすくした。

板書解説

★ 3・4時間目の青虫はとても怒っていた。しかし、5時間目の青虫は目を丸くして驚いている。これらの様子を比較することで、青虫たちが大喧嘩をしていたことを忘れるくらい、初めて海を見た感動の気持ちを引き出したい。

板書をする際は、子どもたちにノートに考えを書かせた後、青虫の気持ちをたくさん発表させる。子どもたちの考えすべてを板書することで、重複する言葉を目立たせ、青虫の心情を豊かに捉えられるようにした。

6時間目　めあて：やくそくをした三匹の青虫の気持ちを想像しよう。

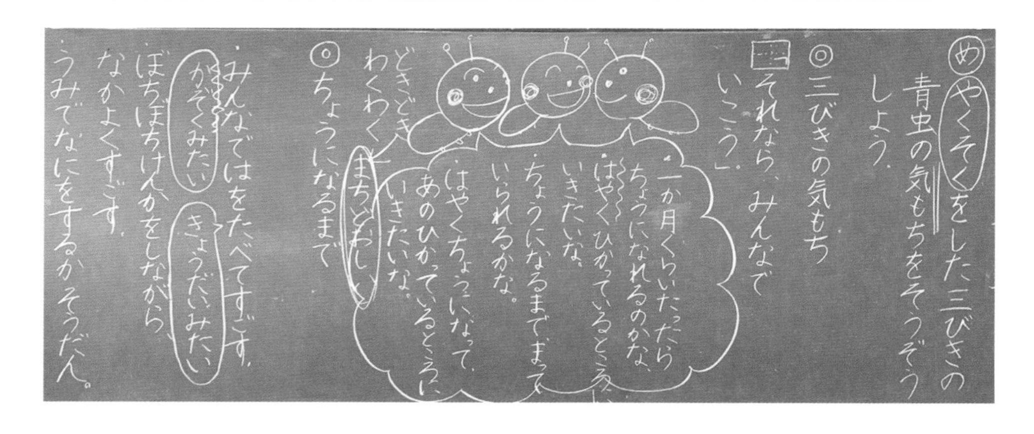

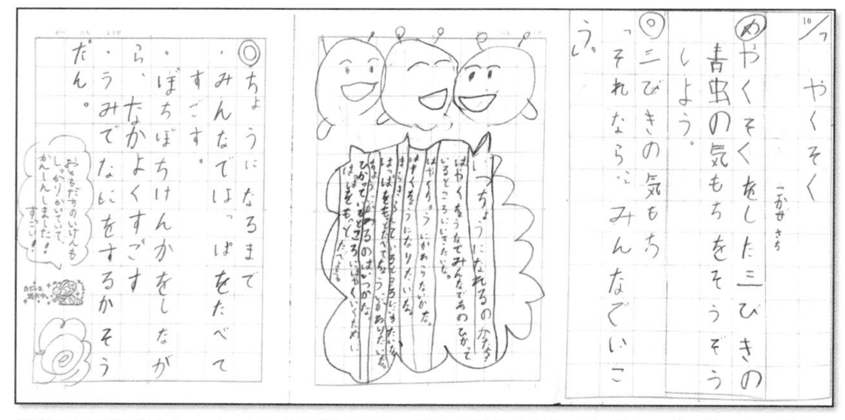

板書には三匹の青虫、ノートにも三匹の青虫、そして考えるのも三人グループで行った。子どもたちは、それぞれどの青虫になりきるかを決め、「台詞を言う→みんなでノートに書く」を繰り返し行わせた。

板書解説

★ 板書に書いてあることを写す、自分の考えを書くということを、子どもたちは繰り返し経験しているが、「友達の考えを聞いて書く」ということはほとんど経験していない。聞く力を育てながら思考力・判断力・表現力を伸ばしたいと考えてグループ活動を取り入れた。

子どもたちは、青虫になりきって多くの意見を出してくれたが、板書量が過多になったため、「まとめるとどんな気持ち？」と問い、「どきどきわくわく」「待ち遠しい」という言葉でまとめるようにした。

7時間目　めあて：なりきり音読をしよう。

8時間目　めあて：なりきり音読の発表会をしよう。

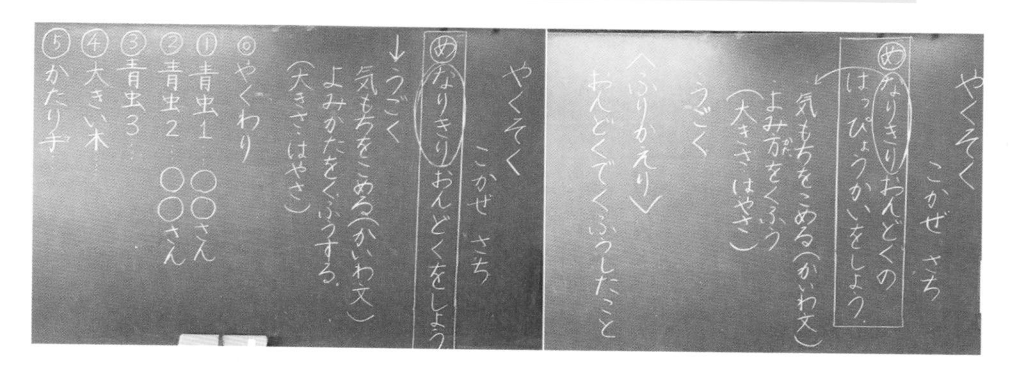

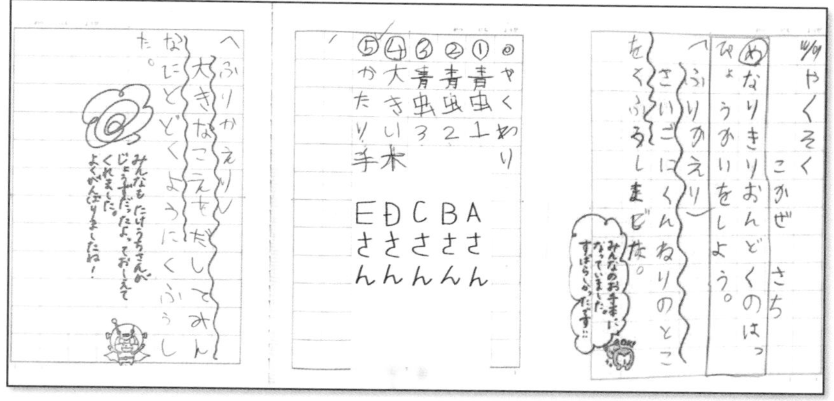

７時間目には、グループでなりきり音読の役割を決め、ノートにグループ全員の名前を書くように指示を出した。８時間目には、友達の音読のよいところを発表し、ノートには自分のがんばりについて書かせた。

板書解説

★ 登場人物になりきるために想像力を働かせて読んできた。なりきり音読では、想像したことを聞き手に伝わるように読むことが重要である。子どもたちに聞き手に登場人物の気持ちを伝えるには、どうすればよいか考えさせると、「動く」という意見が出た。私は、それに追加して、「会話文には気持ちを込めること」「声の大きさや読む速さなどを工夫すること」を橙色で提示して、子どもが板書を見ながら大事なことを意識して練習できるようにした。

3 「おにごっこ」（光村図書、２年）

単元の言語活動と計画

本教材は、２年生にとって身近な遊びである「おにごっこ」が題材です（教材：「おにごっこ」『こくご二下』光村図書、令和２年度版）。遊びにはさまざまなルールがあり、その遊び方が事例として挙げられています。これまでにも学習してきた「問いの文」と「答えの文」の関係、「つなぎ言葉」を手がかりにして段落の役割を読むことで、構成を理解し、単元の言語活動にも生かすことができるでしょう。

単元の言語活動　・友達に遊びを紹介しよう。

単元計画

❶ 説明の仕方のよいところを見つけよう。
❷ はじめとおわりを比べて読もう。
❸ 問いの答えを見つけながら読もう。
❹ 問いの答えを見つけながら読もう。（パート２）
❺ 問いの答えを見つけながら読もう。（パート３）
❻ ４つ目のおにごっこの書き方の違いを見つけよう。
❼ 遊び方の説明の仕方をまとめよう。
❽❾ 遊び方の紹介文を書こう。
❿ 遊び方の紹介文を録音しよう。
⓫ 紹介動画を見合い、よかったところを交流しよう。

1時間目　めあて：説明の仕方のよいところを見つけよう。

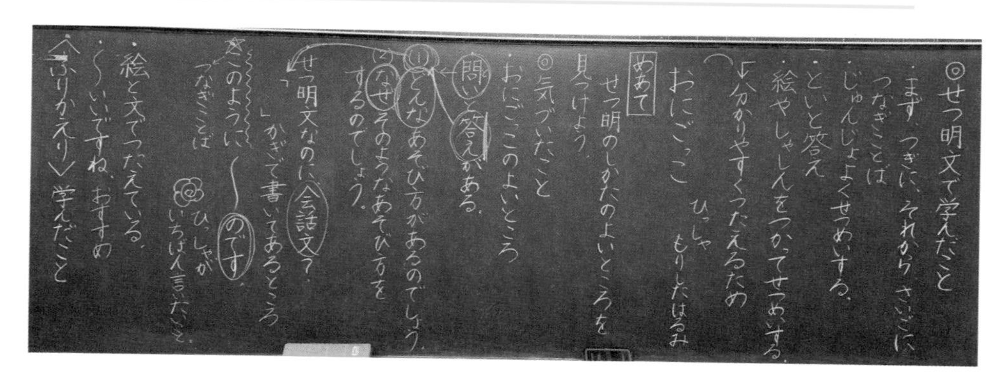

おにごっこ　もりしたはるみ
めあて　せつ明のしかたのよいところを見つけよう。
◎気づいたこと
・おにごっこのよいところ
・問いと答えがある。
(1) どんなあそび方があるのでしょう。
(2) なぜ、そのようなあそび方をするのでしょう。

せつ明文なのに会話文？
「」で書いてあるところ
・絵と文でつたえている。
・～いいですね
〈ふりかえり〉
馬のおもちゃの作り方は、絵やしゃしんのようにとかいっぱいあったけど、おにごっこでは、ぜんぜんなかったけど、といが二つあるし、答えがいっぱいあるからせつ明文
せつ明文でも答えが多かったり、少なかったりするのもあるんだなと思いました。

ほかのせつめい文とくらべてせつめいのしかたのちがいを考えていることがすばらしいです。

説明文で学んできたことを子どもたちに問い、板書した。そうすることで、「説明文で何を学ぶのか」という意識をもたせることができ、初読で大事なことや既習の説明文との違いに気づくことができる。

板書解説

★ 説明文学習では、「論理的な文章を書けるようになるために、文章を正確に読む力をつけること」を大切にしている。このことを子どもたちにも意識させるため、「筆者がどのように文章を工夫しているか」に関わる部分は、黄色チョークや橙色チョークで示し、強調した。また、子どもたちはこれまでの学習から、筆者の主張に関わる部分の大切さに気づいていた。既習を生かそうとする態度は大変貴重で、板書にもハナマルを描いて、子どもの発言を価値づけた。

2時間目　めあて：はじめとおわりを比べて読もう。

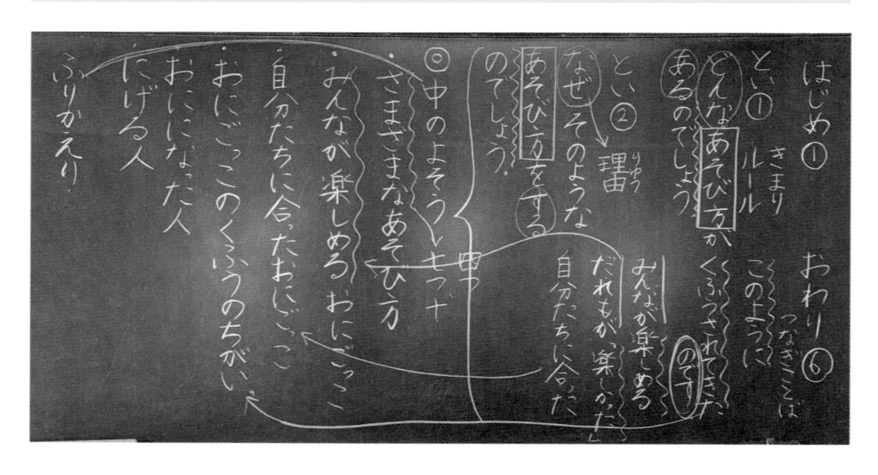

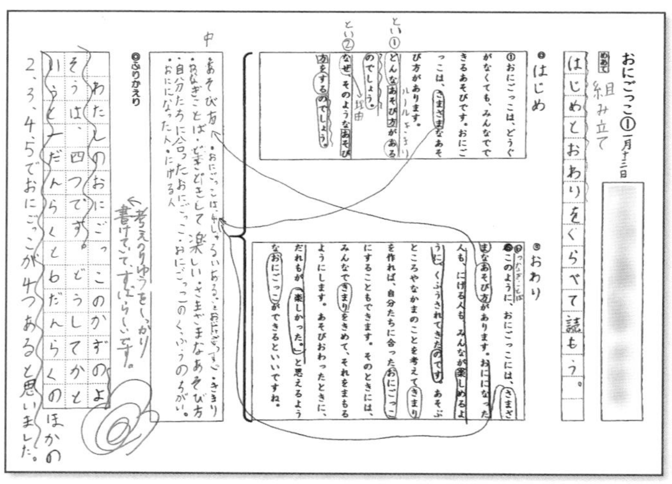
おにごっこ①　一月十三日

めあて　組み立て　はじめとおわりをくらべて読もう。

●はじめ

①おにごっこは、どうぐがなくても、みんなでできるあそびです。おにごっこには、さまざまなあそび方があります。

とい①　どんなあそび方があるのでしょう。

とい②　なぜ、そのようなあそび方をするのでしょう。

●おわり

⑥このように、おにごっこには、さまざまなあそび方があります。おにになった人も、にげる人も、みんなが楽しめるように、くふうされてきたのです。あそぶところやなかまのことを考えてきまりを作れば、自分たちに合ったおにごっこにすることもできます。そのときには、みんなできまりをきめて、それをまもるようにします。あそびおわったときに、だれもが「楽しかった。」と思えるようなおにごっこができるといいですね。

中

◎ふりかえり

わたしのおにごっこのかずのよそうは、四つです。どうしてかというと、一だんらくと6だんらくのほかの2、3、4、5でおにごっこが4つあると思いました。

考えのりゆうをしっかり書けていて、すばらしいです。

教科書だけでは、はじめ（１段落）とおわり（６段落）を比較しにくいことから、ワークシートを使用した。２つの文章は、横に並べるのではなく、縦に並べることで比べやすくなる。

板書解説

★ ワークシートを電子黒板に提示して、「はじめ」と「おわり」の比較のしかたを説明した。比較するには、観点が必要である。比較の観点は、前時の「説明文で学んだこと（国語用語）」に加え、「何度も出てくる言葉や共通して出てくる言葉＝大事な言葉」として子どもたちに伝えた。子どもの発言から、「中」を予想できる大事な言葉を板書し、一人ひとりが自分の考えをもてるようにした。

3時間目　めあて：問いの答えを見つけながら読もう。

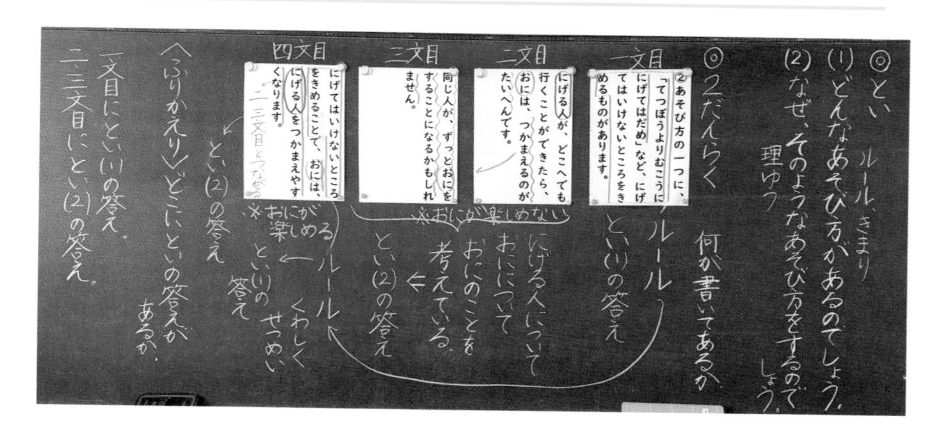

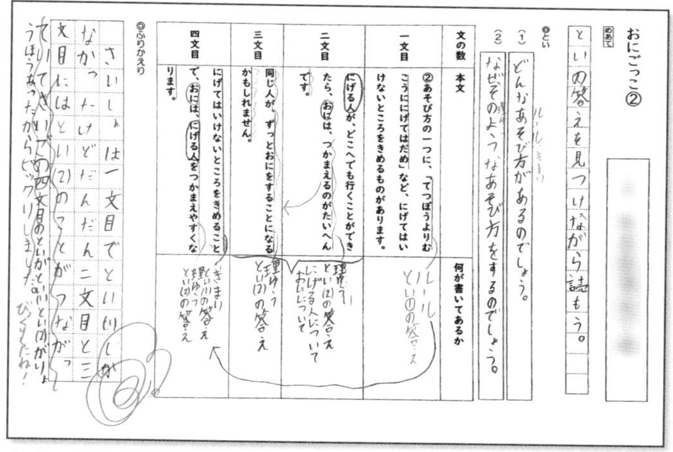

おにごっこ②

めあて　といの答えを見つけながら読もう。

◎とい
(1) どんなあそび方があるのでしょう。（ルール・きまり）
(2) なぜそのようなあそび方をするのでしょう。（理ゆう）

文の数	本文	何が書いてあるか
一文目	②あそび方の一つに、「てつぼうよりむこうににげてはだめ」など、にげてはいけないところをきめるものがあります。	ルール　とい(1)の答え
二文目	にげる人が、どこへでも行くことができたら、おには、つかまえるのがたいへんです。	理ゆう　とい(2)の答え　にげる人について　おにについて
三文目	同じ人が、ずっとおにをすることになるかもしれません。	理ゆう　とい(2)の答え
四文目	にげてはいけないところをきめることで、おには、にげる人をつかまえやすくなります。	きまり　とい(1)の答え　理ゆう　とい(2)の答え

◎ふりかえり
さいしょは一文目でとい(1)しかなかったけどだんだん二文目と三文目にはとい(2)のことがつながっていてさいごの四文目のといがとい(1)とい(2)がりょうほうあったからビックリしました。
びっくりしたね！

「中」の事例を詳しく読む学習の１時間目。２段落を１文ごとに区切ることで、２段落が４文で構成されていることに気づかせる。文と文との関係を読み、子どもたちが気づいたことを板書している。

板書解説

★ 事例列挙型の説明文を読むとき、それぞれの事例は同じように書かれ、繰り返しになっていることが多い。１文ごとに区切ることで、何文構成か、どのような順序で何が書かれているかを考えさせることができる。この経験が、次の事例を読むときの手立てになるとともに、自分で説明文を書くときにも生かされる。板書では、４つの文と問いとの関係が明確になるよう、初めに問いの文を書き、子どもたちが、１文ごとの内容を問いの文と比べながら読めるようにした。

4時間目　めあて：問いの答えを見つけながら読もう。（パート２）

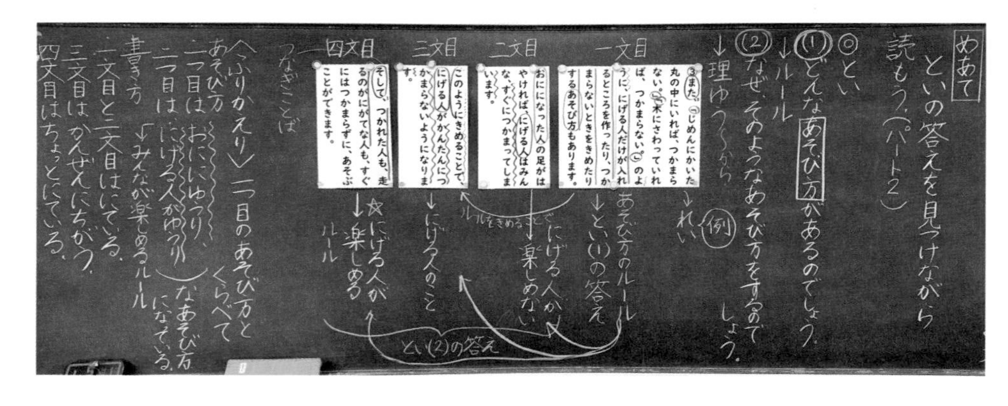

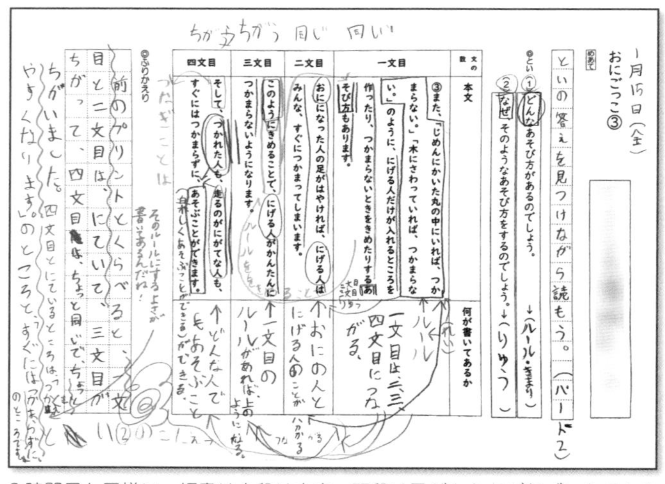

３時間目と同様に、板書は上段は本文、下段は子どもたちが気づいたことを書く二段対応表であり、子どもたちは同じつくりのワークシートを使っている。

板書解説

★ 本時では、前時と同じめあて、同じワークシートである。簡単な活動を２回繰り返すのは、退屈かもしれないが、この活動は子どもたちにとって決して簡単ではない。そのため、めあてに「パート２」と示すだけで、子どもたちのやる気は高まる。「前の時間みたいにやればいいんだ」「次はもっとたくさん気づいたことを書くぞ」と次々につぶやきが聞こえる。子どもの参加率を上げるには、子どもの実態と合わせて、めあてを設定することが重要である。

5時間目　めあて：問いの答えを見つけながら読もう。（パート3）

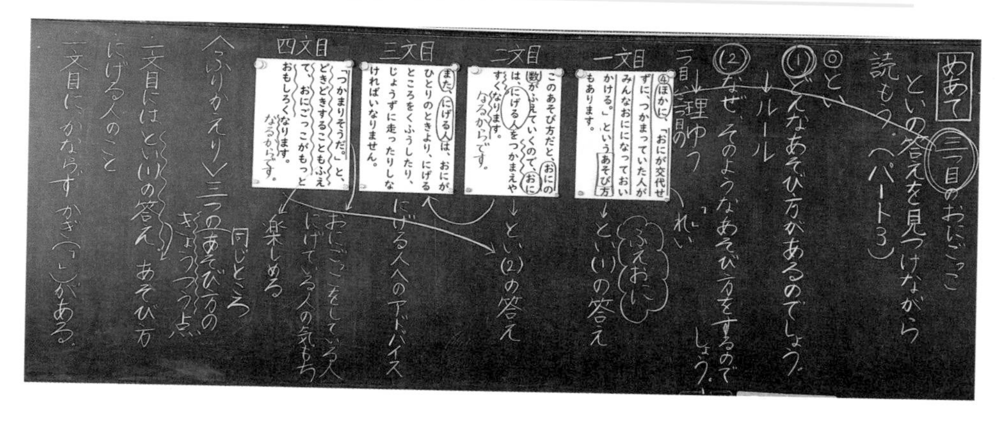

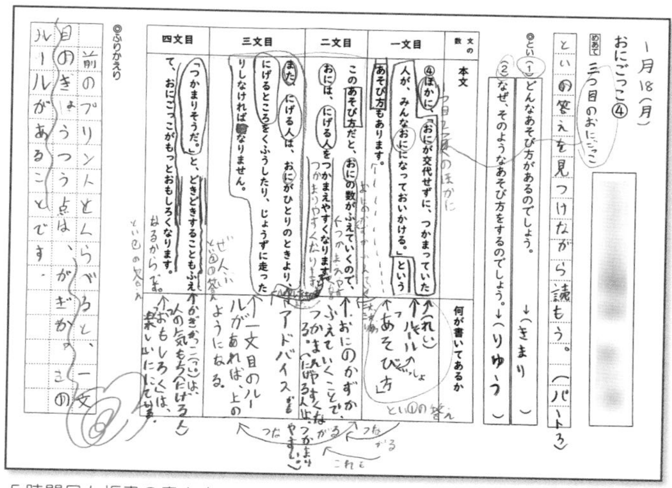

5時間目も板書の書き方やワークシートは前時と同様であるが、より子ども主体で取り組めていた。子どもの発言や深まった考えが全員に届くよう、教師は板書を使ってファシリテートに徹した。

板書解説

★ 繰り返し学んできたことによって、子どものワークシートにも矢印や囲み、波線などが多く描かれるようになった。文章を何度も読み、意味を理解しようとした子どもたちのワークシートには、思考の流れが複雑に残されている。板書では、子どもたちの思考の流れをできるだけシンプルに表すようにした。3つの事例を同じように読んできたことで、比較の視点が養われ、子どもたちは多くの共通点に気づくことができていた。

6時間目　めあて：4つ目のおにごっこの書き方の違いを見つけよう。

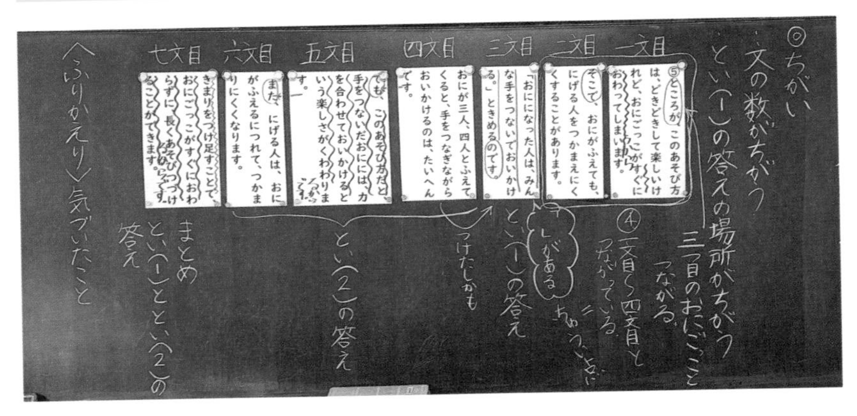

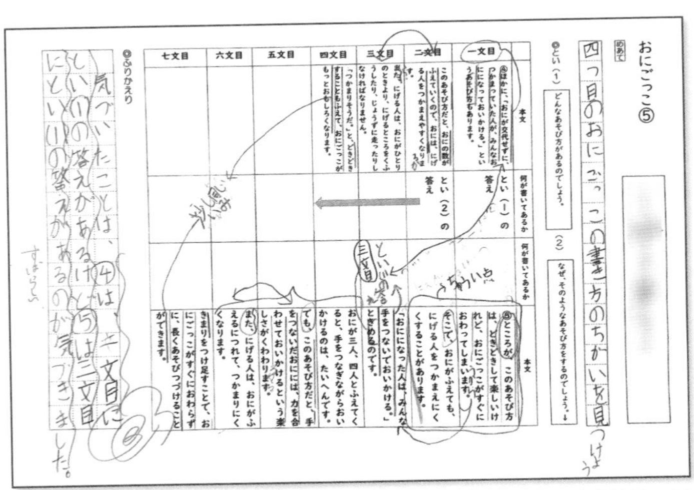

めあて　おにごっこ⑤

◎とい(1)　どんなあそび方があるのでしょう。

(2)　なぜ、そのようなあそび方をするのでしょう。

	一文目	二文目	三文目	四文目	五文目	六文目	七文目
本文	④ほかに、「おにが交代せずに、つかまっていた人が、みんなおにになっておいかける。」というあそび方もあります。	このあそび方だと、おにの数がふえていくので、おには、にげる人をつかまえやすくなります。	また、にげる人は、おにがひとりのときより、にげるところをくふうしたり、じょうずに走ったりしなければなりません。	「つかまりそうだ。」と、どきどきすることもふえて、おにごっこがもっとおもしろくなります。			
何が書いてあるか	とい(1)の答え	とい(2)の答え					
何が書いてあるか							
本文	⑤ところが、このあそび方は、どきどきして楽しいけれど、おにごっこがすぐにおわってしまいます。	そこで、おにがふえても、にげる人をつかまえにくくすることがあります。	「おにになった人は、みんな手をつないでおいかける。」ときめるのです。	おにが三人、四人とふえてくると、手をつなぎながらおいかけるのは、たいへんです。	でも、このあそび方だと、手をつないだおにには、力を合わせておいかけるという楽しさがくわわります。	また、にげる人は、おにがふえるにつれて、つかまりにくくなります。	きまりをつけ足すことで、おにごっこがすぐにおわらずに、長くあそびつづけることができます。

◎ふりかえり

板書の上段には、4つ目の事例である5段落を1文ごとに区切った紙を貼っているが、子どもたちのワークシートは上段は3つ目の事例、下段は4つ目の事例となっている。

板書解説

★ 今回も二段対応表だが、めあてが違っている。同じことを繰り返すと、子どもは「違い」に敏感になる。「めあての違い」から「本文の違い」に着目し、より深く読もうとする子どもの姿を引き出すことができる。4つ目の事例は、7文あり、文の数の違いは一目瞭然である。しかし、増えた3文が、何を表しているのかを考えることは容易ではない。3つ目の事例とのつながりを考えることで、多くの気づきがあると考えてワークシートと板書を違う構成にした。

7時間目　めあて：遊び方の説明の仕方をまとめよう。

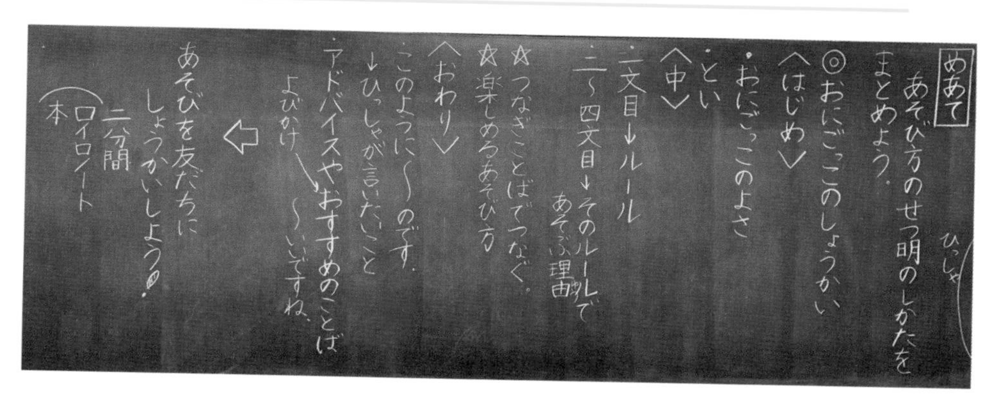

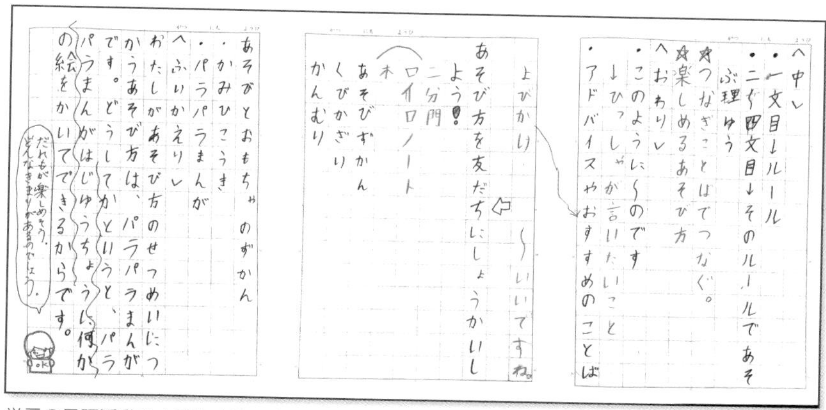

単元の言語活動の内容や交流の方法を説明して視写した後、子どもたちは学校や市内の図書館から借りた遊びの本を読み、どの遊びを紹介するかを決めた。ノートには、決めた遊びとその理由を書かせた。

板書解説

★ 単元の言語活動「友達に遊びを紹介しよう」の学習に入る。学習の流れを見通すため、板書には活動内容や交流の方法を書き、子どもたちがいつでも振り返られるよう、ノートに視写させた。特に大事な点は黄色チョークで示し、次時以降意識できるようにした。言語活動は、書く活動であるとともに、話す活動でもある。話すときにも相手に分かりやすく伝えるために、学んできた説明文の書き方が生かされることを確認した。

8・9時間目　めあて：遊び方の紹介文を書こう。

〈はじめ〉

わりばしくずしは、わりばしだけであそべるあそびです。

〈中〉

・あそび方のきまり

❶ あそび方の一つに、「わりばしを30びょういないにとらなければだめ」など、(わりばしを) とれる時間をきめるものがあります。

時間をきめなかったら、とっている人が、わりばしをたくさんとって、ほかの人がとれなくなってしまいます。時間をきめることで、みんなバランスよく、わりばしをとっていけます。

❷ また、「チームをつくり、2たい2で、わりばしを多くとれたほうがかち」というあそび方もあります。このあそび方だと、わりばしをとる人が多いので、とる人はかつかくりつがふえやすくなります。「力を合わせてかつぞ！」という気もちが生まれてきて、楽しさがくわわります。

〈おわり〉

このように、わりばしくずしには、さまざまなあそび方があります。つかうものや、あそぶ人たちのことを考えてきまりをつくれば、自分たちにあったわりばしくずしにすることもできます。そのときには、みんなで話し合って、しっかりきまりをまもるようにします。あそびおわったときに、「もうちょっとやりたいな。」と思えるようなわりばしくずしができるといいですね。

(子どもが書いた遊び方の紹介文)

前時の板書を電子黒板に提示し、一人ひとりが選んだ遊びについて、紹介文を書く学習を行った。タブレットで遊びのルールが分かりやすくなる絵を描き、ノートには、紹介文を「はじめ・中・終わり」に分けて書くように指示した。

10時間目　めあて：遊び方の紹介文を録音しよう。

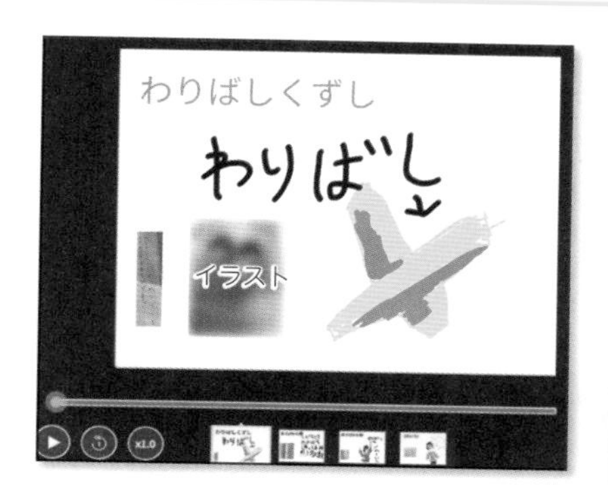

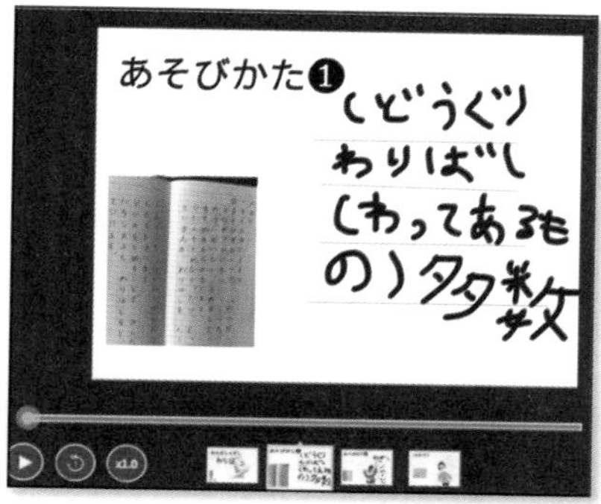

ロイロノート（アプリ）を使って、テキストカードに音声を録音するために、子どもたちは何度も紹介文を音読してスラスラと読めるように練習していた。

＼活動解説／

★ 完成した紹介文と簡単な絵を組み合わせて、録音する。絵は、紹介文と関係のあることを描くように指示した。絵を描くことが苦手な子どももいるため、遊び方の本にある挿絵を写真に撮ったり、インターネットを使って画像を検索するのもよいことにした。遊んでいる様子や必要な道具を描いたり、要点になるルールや注意点を書いた子どもがいた。コロナ禍であったことから、遊びの紹介文を声に出して読み合う活動ではなく、声を録音した動画を見て、聞き合う活動にした。

11時間目　めあて：紹介動画を見合い、よかったところを交流しよう。

いいところ見つけカード Aさん 絵を自分で描いていたのですごいと思いました。なぜかというと、絵がないと分からないからそのことも考えていたのですごいです。	いいところ見つけカード Bさん 注意や、やってはいけないことを、書いていて、いいと思いました。
いいところ見つけカード Cさん あそびかた1と、あそびかた2の話しかたが上手だったからすごいとおもいました。	いいところ見つけカード Dさん おにごっこをお手本にして書けていたのですごいと思いました。

文の組み立てや、話し方のよいところを見つけて、児童間通信でカードを送り合った。

あそび方をせつめいするときに大切なこと ちゅうい点や、よびかけとか、はじめ・中・おわり(組み立て)ざいりょうや、あそび方(やり方)があったら分かりやすいと思います。	あそび方をせつめいするときに大切なこと ていねいな、ことばではなすこと。つなぎ言葉をつかうこと。絵をかくこと。さいごには、よびかけをすること。
「おにごっこ」「あそびしょうかい」でがんばったこと おにごっごでは、問い１の答えと、問い２の答えを見つけることをがんばりました。あそびしょうかいでは、作文を書くのがにが手なので、文を書くのをがんばりました。	「おにごっこ」「あそびしょうかい」でがんばったこと 文を書くのをがんばったり、せつめいの写真をきめるのをがんばりました。

最後は、遊びの紹介文を書くときに大切なことと、「おにごっこ」の読み取りや、単元の言語活動である遊びの紹介を通してがんばったことを書かせて、自分の学習を振り返らせた。

全11時間の流れ

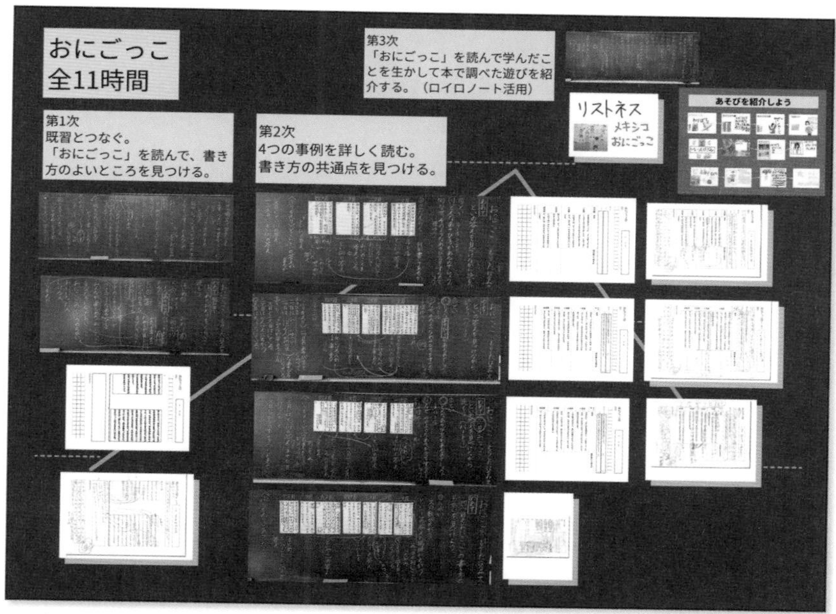

ロイロノートやGoodNotes5に単元の流れを残すようにしている。板書、子どものノート、ワークシート、関連資料を残しておくと、単元を振り返ったり、学年で授業の流れを確認したりできる。

画面解説

★ 第１次では教材を読み、感じたことを伝え合ってから、遊びを紹介するために必要な力を身につけるために、「おにごっこ」を読む見通しをもたせた。第２次では、遊びがどのように説明されているかを知り、書くための技術を身につけた。第３次で、学んだことを生かし、遊び紹介動画をつくった。

4 「モチモチの木」（光村図書、３年）

単元の言語活動と計画

本単元では、場面の展開を捉えながら、人物の心情や性格を叙述から読み取ることをねらいとして学習活動を設定しました（教材：モチモチの木『国語三下』光村図書、令和２年度版）。言語活動では、ロイロノートを使います。ロイロノートは、テキストカードに文字や写真を入れ、それをつなぐとプレゼンテーションを作成できます。子どもたちは斎藤隆介作品を読み、登場する人物の性格や心情の変化を紹介するプレゼンテーションを作成して発表します。

単元の言語活動　・斎藤隆介作品の登場人物について話し合おう。

単元計画

❶ 単元のめあてを知り、感想と疑問を交流しよう。
❷ 物語の登場人物を紹介する練習をしよう。
❸ １場面の登場人物についてくわしく読もう。
❹ 昼と夜の豆太を比べよう。
❺ ３場面のじさまと豆太の気持ちを考えよう。
❻ ４場面の豆太の気持ちとその変化を読もう。
❼ 医者様の言ったことをくわしく読もう。
❽ ５場面のじさまの言葉に着目し、豆太の性格を考えよう。
❾～⓬ ロイロノートを使って斎藤隆介作品の人物を紹介しよう。

1時間目　単元のめあてを知り、感想と疑問を交流しよう。

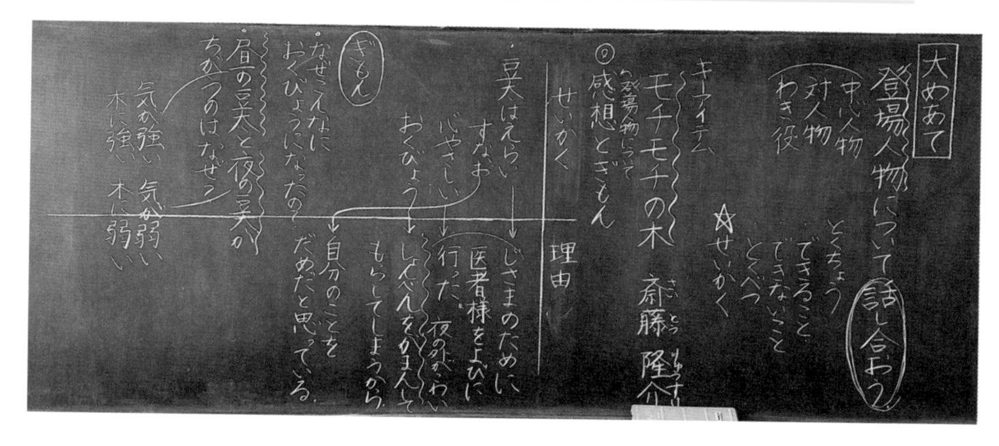

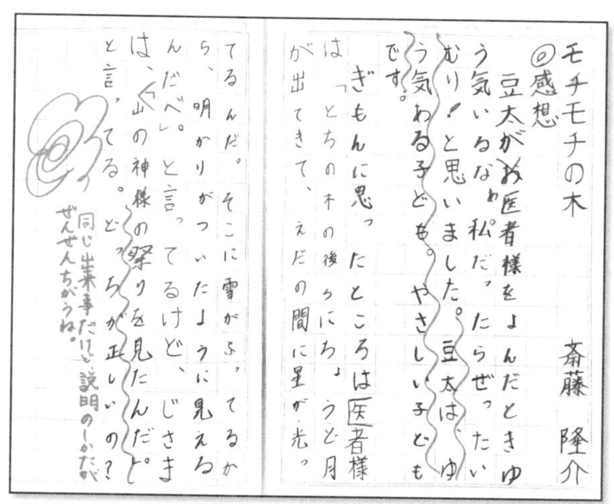

初発の感想は、単元のめあてとつなげるため、人物に着目して感想を書くよう促した。発表するときに、豆太の性格とその理由について、一読で考えたことを共有した。

板書解説

★ 単元のめあてを初めに書き、登場人物にはどんな役割があったか、人物について何を話し合うかを確認し、学習の見通しをもてるようにした。

机間指導中に疑問を書いている子が多数いたため、板書にも「感想と疑問」と付け加え、疑問も共有することにした。疑問は、詳細に読んでいくときに必要な問いになるため、黄色チョークで板書した。

2時間目　めあて：物語の登場人物を紹介する練習をしよう。

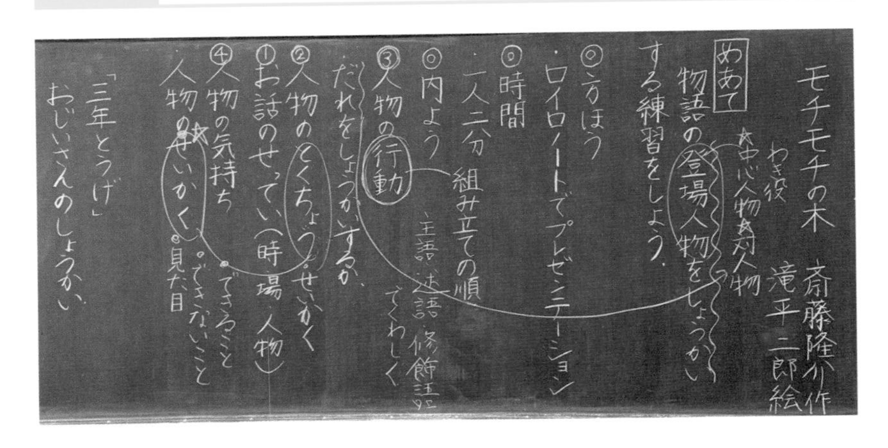

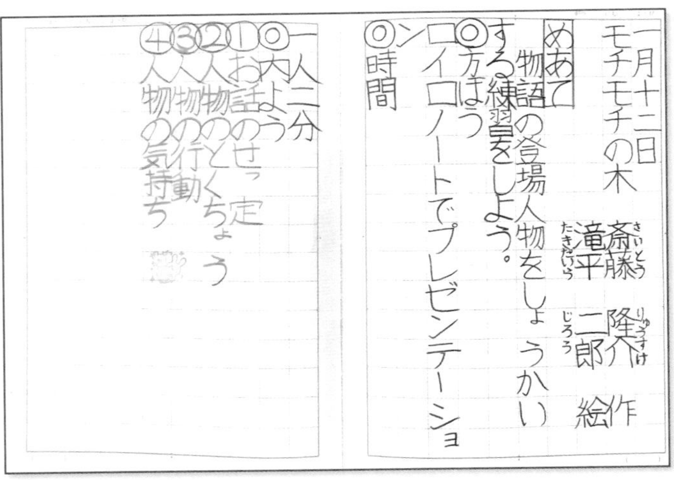

本時の板書は、気づきを生む板書ではなく、子どもたちの活動を分かりやすく提示した板書である。子どもたちは、ロイロノートを使って人物紹介のプレゼンテーションを作成した。

板書解説

★ めあての「登場人物」について、「どんな役割の人物がいたかな？」と再度具体的にイメージできる声かけをする。人物紹介には、何を入れると、聞き手にその人物の特徴が伝わるか、子どもたちに投げかけた。発言があった順に箇条書きで板書した。その後、子どもたちの発言を生かして橙色のチョークでナンバリングし、「絶対書くこと」を示した。ゴールの言語活動を意識して「モチモチの木」を読むために、同教材の「三年とうげ」を扱い、人物紹介の練習をした。

3時間目　めあて：１場面の登場人物についてくわしく読もう。

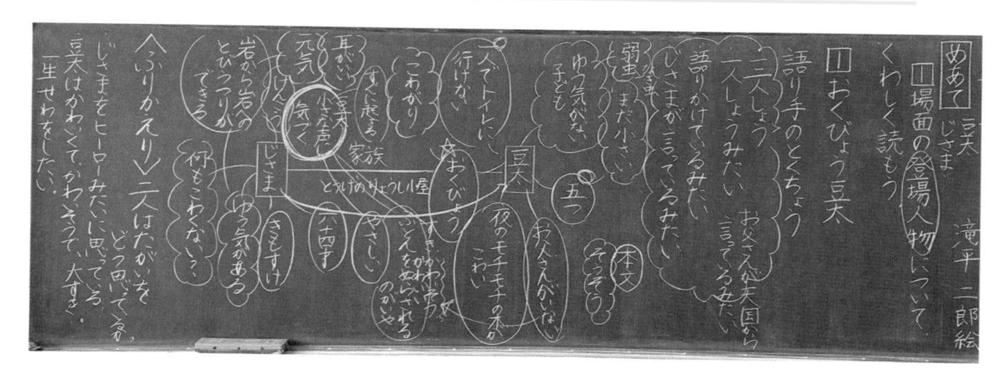

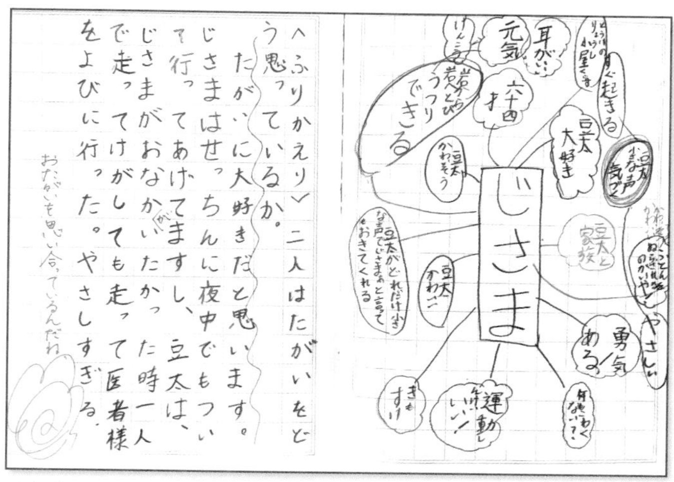

豆太だけでなく、じさまの人物像も同時に捉えさせたいと考え、ペアで「豆太担当」と「じさま担当」に分かれて、叙述から分かったことをもとにキャラクターマップを作成させた。

板書解説

★初めに「１場面の登場人物は？」と問うと、「豆太」と「じさま」のほかに「語り手も…」という子がいた。語り手は登場人物にはならないが、一人称のような書き方がされているため、よい気づきであり、子どもたちと語り手の特徴について読み深める機会をもった。

キャラクターマップは、事実と想像を囲みの種類を変えて見分けられるようにした。二人の関係性を最後に問い、振り返りにまとめさせた。

4時間目　めあて：昼と夜の豆太を比べよう。

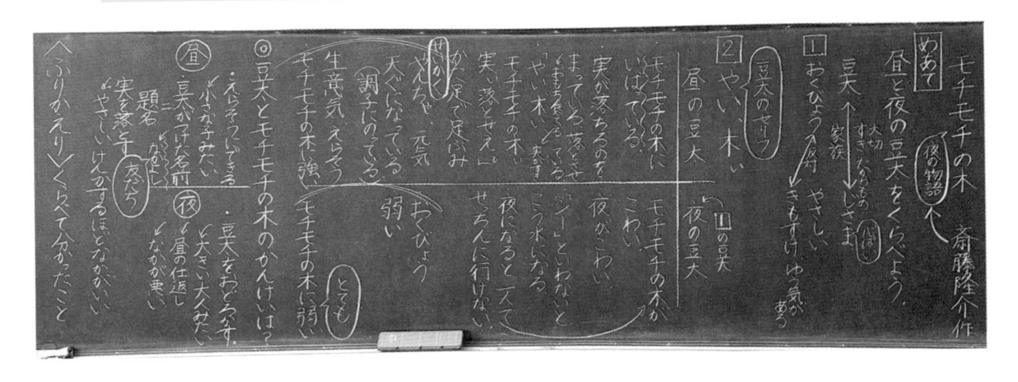

一月十四日(木)
モチモチの木
斎藤　隆介　作
滝平　二郎　絵
昼と夜の豆太をくらべよう。
2 豆太のセリフ　やい、木い
昼
いばっている。
昼間は木の下に立って、方足で足ぶみする。
・やんちゃ　元気
天ぐになっている。
生意気
モチモチの木に強い。
夜
せっちんに行きたくなる。
とっても夜がこわい。
モチモチの木がおこっておどかす。
おくびょう。
モチモチの木がこわい。
「ジ」。といわないと、こう水になる
モチモチの木がこわい。
モチモチの木に弱い
とても

ノートを上下段に分け、二段対応表を作り、昼の豆太と夜の豆太の行動について叙述から読み取ったことを、一人ひとりがノートに記述できるようにした。

板書解説

★ 上下段に分けて豆太の行動や性格を比較すると、昼と夜の豆太が対照的であることがよく分かる。昼の豆太はやんちゃで生意気であり、夜の豆太は臆病で弱い。その原因が「モチモチの木」の存在である。そこから、子どもたちに「モチモチの木と豆太はどんな関係か」と問いかけた。3時間目のじさまとの関係性との発問と似せている。子どもたちは、モチモチの木を友達のようでもあり、大きい大人でもあるような存在であるとした。

5時間目　めあて：3場面のじさまと豆太の気持ちを考えよう。

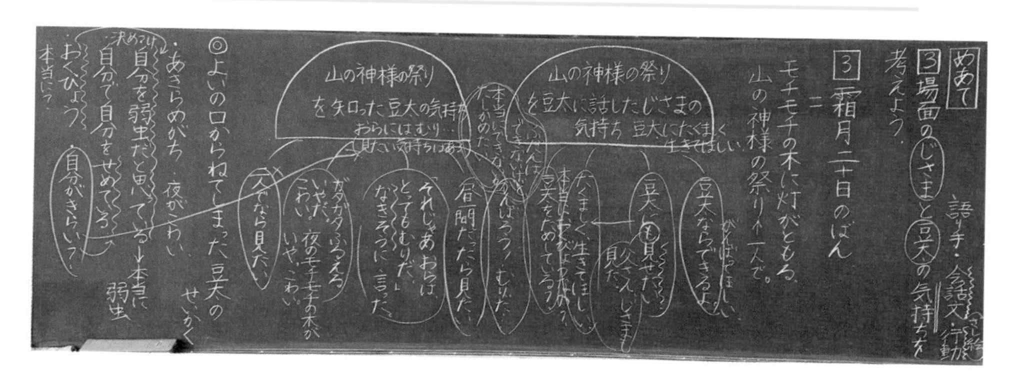

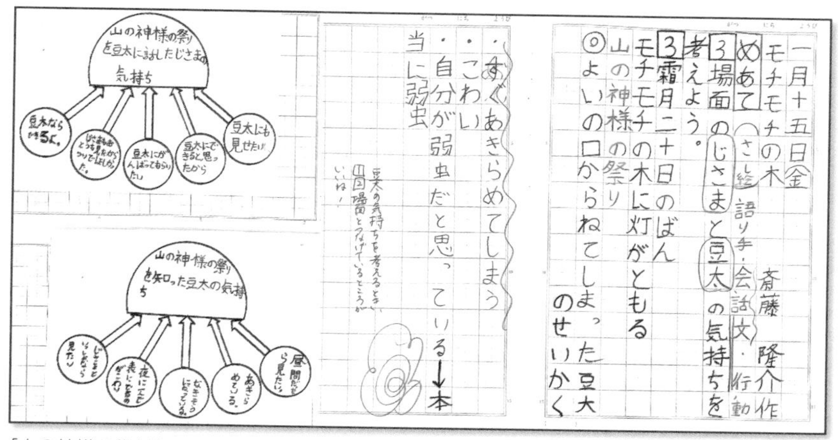

「山の神様の祭り」について話したじさまと、聞いた豆太の心情はそれぞれどう違っていたのかを話し合わせるため、クラゲチャートを使って二人の心情を書かせて、比較した。

板書解説

★ 二人の心情の比較によく使う構造的板書は、二段対応表だが、今回はクラゲチャートを使った。クラゲチャートは、子どもに多様な考えを生み出すときや主張と根拠を関連付けるときに使う。本時のように叙述から読み取ったことを１つの考えにつなげるときにも有効である。本時では、じさまの心情を「豆太にたくましく生きてほしい」、豆太の心情を「見たい気持ちはあるが、おらには無理」と結論づけた。

めあて：４場面の豆太の気持ちとその変化を読もう。

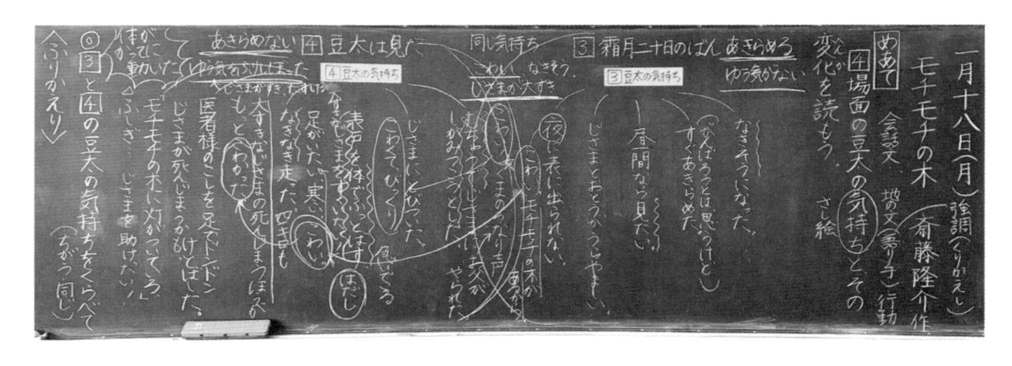

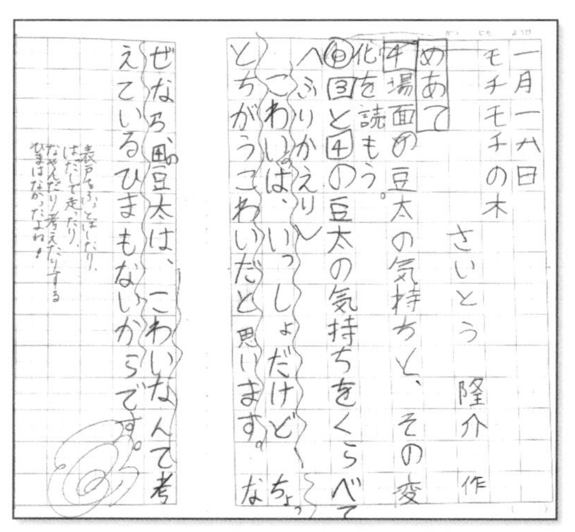

めあてと振り返りはノートに書き、３場面の豆太の心情は板書のみで確認。４場面の豆太の心情はクラゲチャートに書かせて、３場面と比較した。

板書解説

★ 前時でクラゲチャートを使ったことから、子どもたちの活動は大変スムーズだった。シンキングツールを板書に組み込むと、「〇〇さんの意見と似ていて」のように意見と意見を関連付ける発言が増え、そのつながりが見えるように線でつないで可視化することができる。４場面では、豆太の「こわい」という心情が繰り返されており、何が怖いのかを考えることで、それぞれの「こわさ」を多面的に読むことができていた。

7時間目 めあて：医者様の言ったことをくわしく読もう。

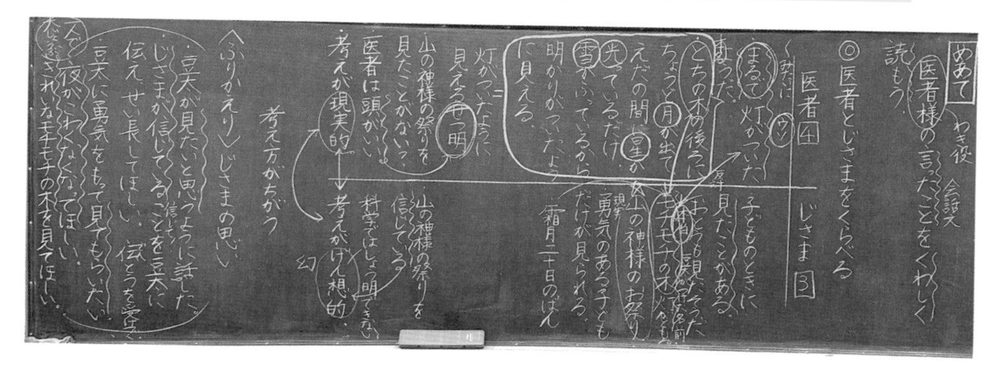

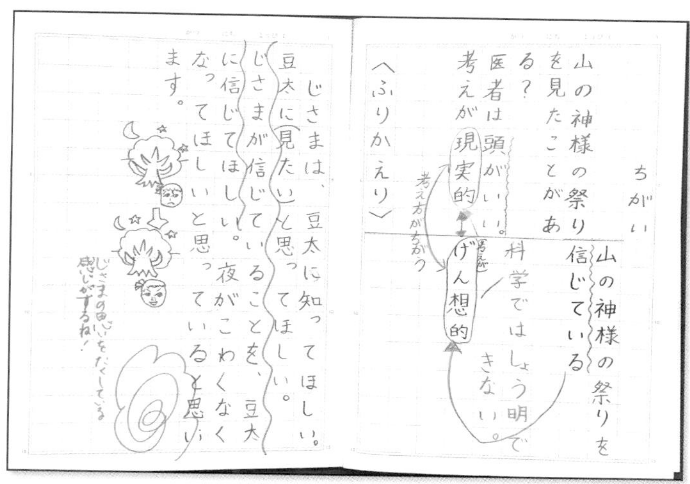

医者とじさまの「山の神様の祭り」に対する見方・考え方を比較するために、二段対応表をノートに書かせた。二人の見方・考え方の違いを比較することで、じさまの心情を読み深める手立てとした。

板書解説

★ 子どもたちから出た意見を上下段にそれぞれ板書すると、医者は山の神様の祭りではなく、現象の説明をしていると子どもたちが気づいた。「二人の考え方はどう違うだろう」と問うと、「医者様は現実的で科学的」、「じさまは幻想的」という発言が出た。二人の考え方が対照的であることに気づいた子どもたちに、「山の神様の祭りに込められたじさまの思いは何だろう」と問う。７時間目の学習をさらに深めたいと考えた。

8時間目　めあて：5場面のじさまの言葉に着目し、豆太の性格を考えよう。

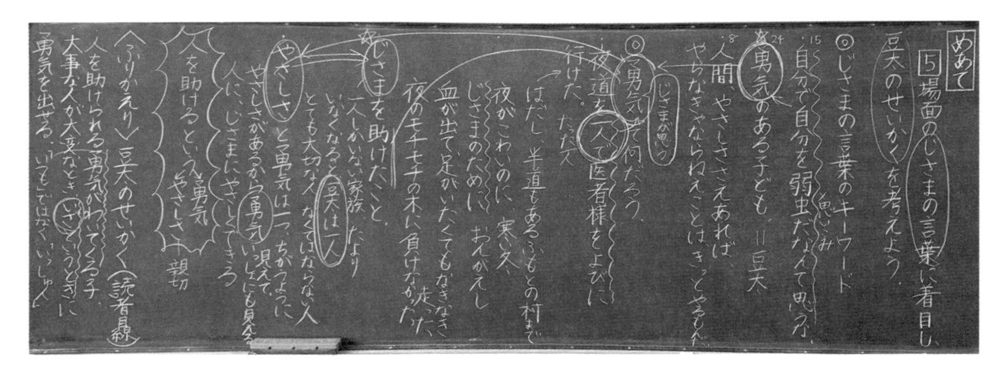

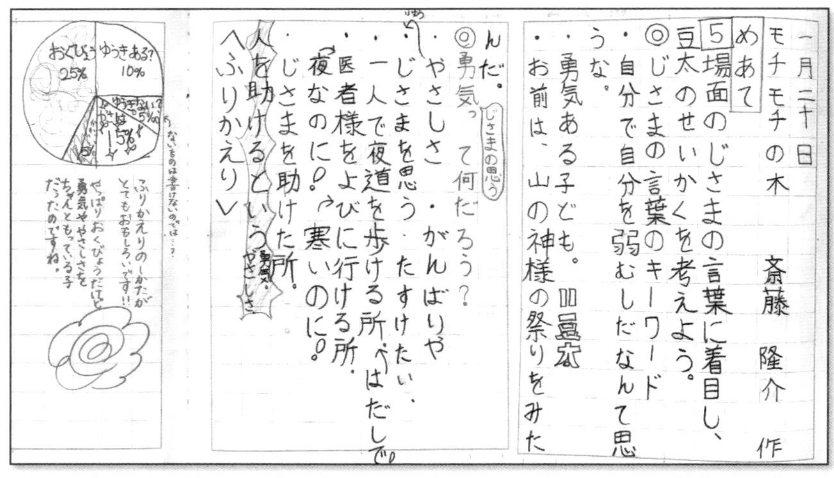

5場面を読み、大事だと思う言葉に線を引いて、交流した。キーワードとして挙げられた「勇気」について考えたことをノートに書き、全体で交流した内容を板書に残し、子どもの対話の手立てとした。

板書解説

★ 本時の板書は、ファシリテーションの役割を担っている。子どもたちが「勇気とは何か」について考えたことを、叙述やこれまでの学習をもとに次々に語り出す。できるだけ要点を落とさないように発言を書き残し、子どもたち自身が言葉を紡ぎ合いながら話し合いが深まっていくように板書を使って支援した。子どもたちは、「勇気」を、「大切な人のために、どれだけ怖くても一人で助けにいく優しさ」と表現した。

9～12時間目　めあて：ロイロノートを使って斎藤隆介作品の人物を紹介しよう。

子どもたちがロイロノートで作成したプレゼンテーション。お話のまとまりごとに人物の行動や気持ちに焦点化してスライドをつくる。

スライド1

本の表紙

題名

作・絵

スライド2

中心人物

特徴

スライド3

事件

できごと

スライド4

山場・結末

中心人物の変容

＼スライド解説／

★ 人物に着目して、場面ごとの心情や冒頭と結末の変容を捉えさせ、それらを紹介できるように取り組ませた。

5 「ごんぎつね」（光村図書、４年）

単元の言語活動と計画

この年、作家の時間に取り組んだり、話し合い活動を通して、図書館の本のポップ作りや読書コーナー作り、各学年への読書調査も行ったりしています。このことから、物語を読むことや創作することへの意欲の高さを本単元の言語活動につなげたいと考えました（教材：「ごんぎつね」『国語四下』光村図書、令和２年度版）。

単元の言語活動　・一文目につながる物語を創作しよう。

単元計画

❶「ごんぎつね」を読んで感想をもち、問いを見つけよう。
❷ お話の設定を確かめて、問いづくりをしよう。
❸ ごんの人物像からいたずらぎつねになったわけを考えよう。
❹ 情景を表す言葉に着目して、ごんの気持ちを読もう。
❺ 事件の前後のごんの気持ちを考えよう。
❻ ３場面のごんの様子や気持ちを考えよう。
❼ ３場面と４場面のごんと兵十の近さを考えよう。
❽ ごんになりきって５場面のごんの気持ちを考えよう。
❾ ６場面のごんと兵十の気持ちを考えよう。
❿ ⓫ 一文目につながる物語を書こう。
⓬ 物語を出版し、読み合ってファンレターを送ろう。

1時間目　めあて:「ごんぎつね」を読んで感想をもち、問いを見つけよう。

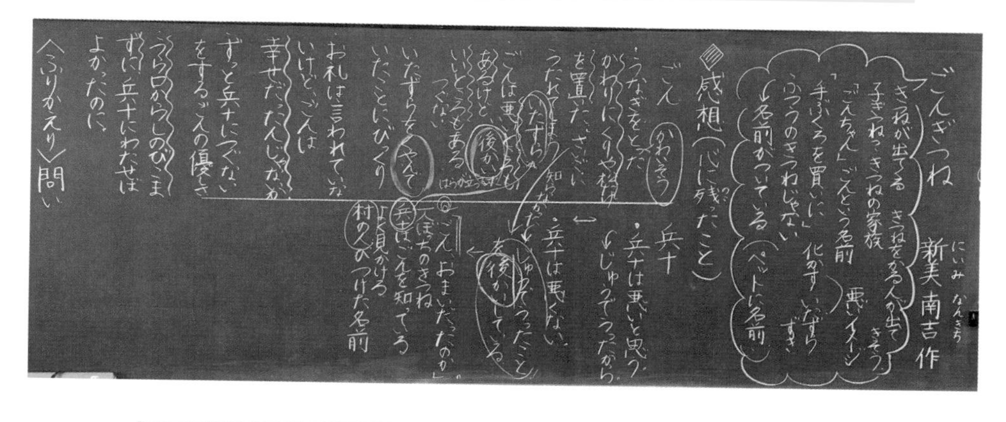

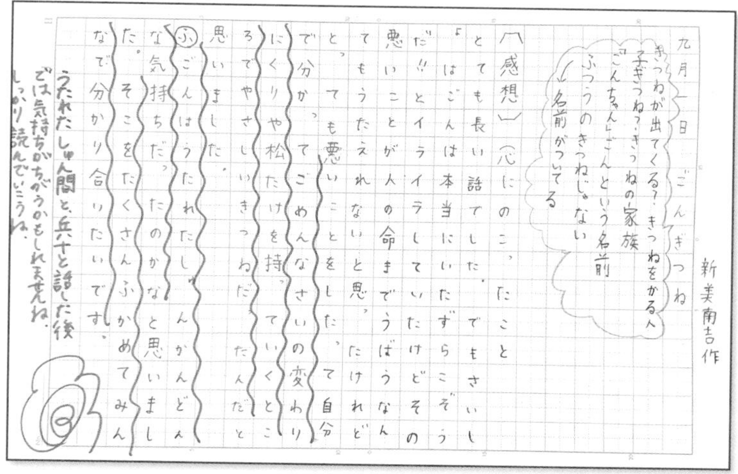

子どもたちには、心に残ったことを箇条書きや文章で書くように伝えた。黒板を上下二段に分け、上にごんに対する感想、下に兵十に対する感想を書いて、その量の違いに気づかせたいと考えた。

板書解説

★ 範読をした後、子どもたちがノートにスムーズに感想を書けるように、「心に残ったことや疑問があれば線を引いておきましょう」と伝えた。初めは、上段に心に残ったこと、下段に問いを書こうと考えていた。しかし、子どもたちが書いた感想を読んでいると、少数ではあるが兵十について書いている子がいたため、ごんと兵十の二段で書くことで、問いを立てやすくなるのではないかと考えた。

2時間目　めあて：お話の設定を確かめて、問いづくりをしよう。

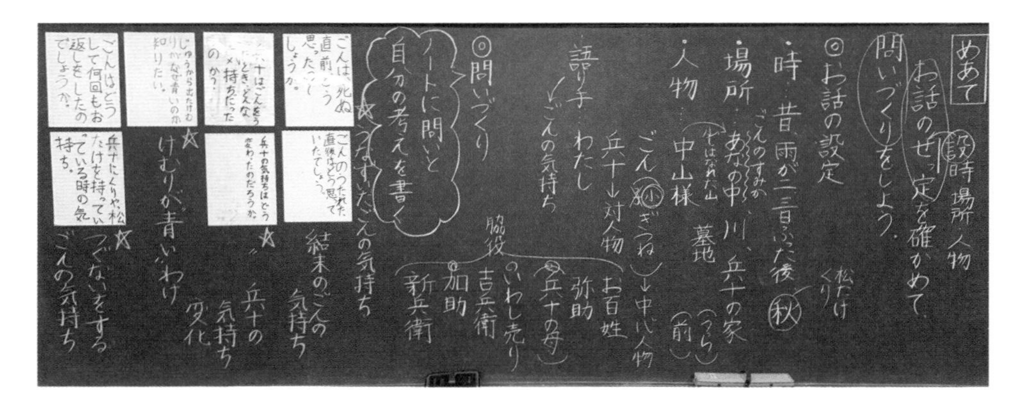

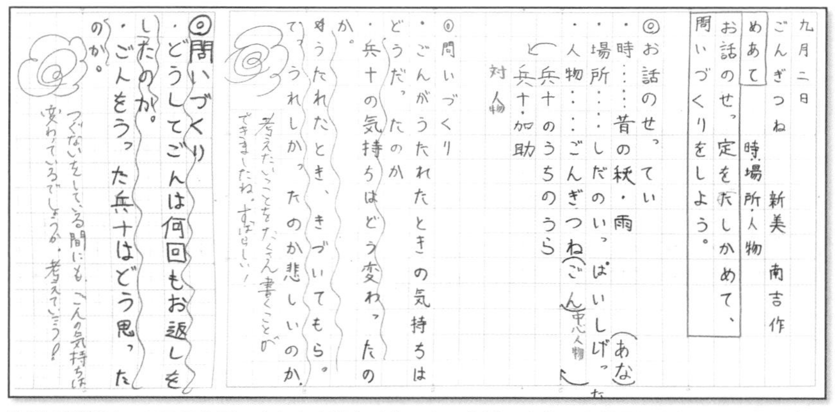

物語の設定は、クラス全員できちんと確かめたいという思いから、全員同じようにノートに書いている。問いは一人ひとりがノートに書いたことを交流し、「深める問い」を班でホワイトシートにまとめた。

板書解説

★「問いをもつ」ことは、簡単なことだとは考えていない。「なぜ〜だろう」と疑問をもちながら物語を読めるのは、物語の楽しみ方や読み方を知っている子どもだ。そこで、自分の問いを読み深めるのではなく、班で問いを吟味し、物語を楽しむために有効な問いをホワイトシートに１つだけ書かせ、黒板に貼らせた。貼ったホワイトシートを全員で確認し、読みの観点を橙色のチョークで示して、これからの読解に生かせるようにした。

3時間目　めあて:ごんの人物像からいたずらぎつねになったわけを考えよう。

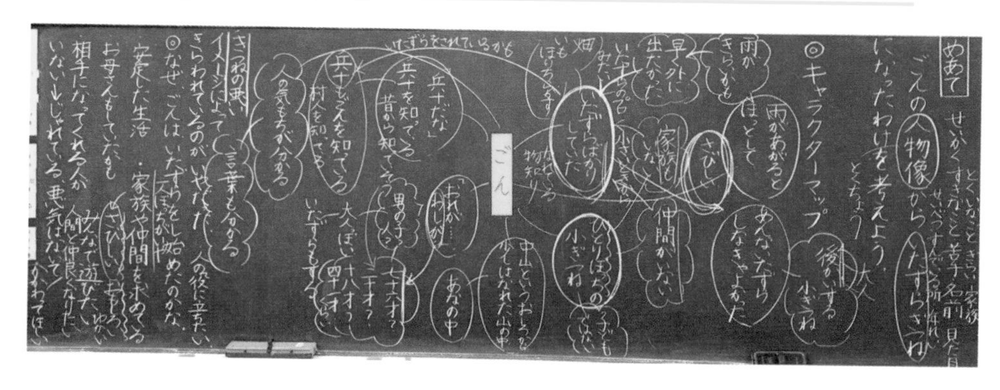

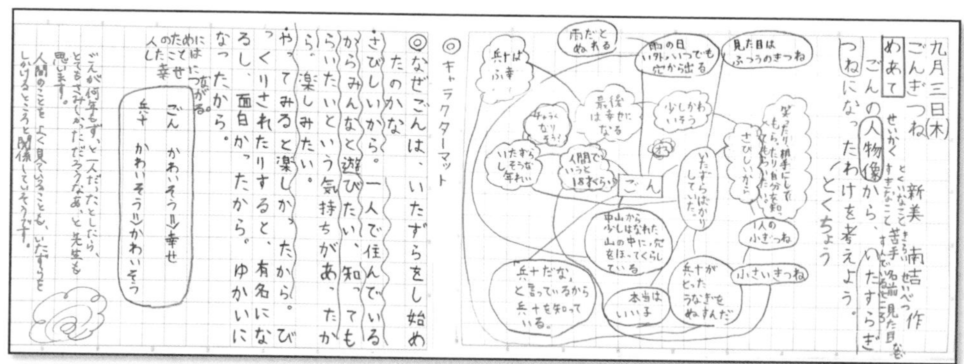

ノートの中央に「ごん」と書き、1場面を読んで人物の特徴（性格・好きなこと・性別・年齢・住んでいるところ・見た目等）を書き込み、キャラクターマップを作成した。

板書解説

★ 子どもたちがノートに書いたことを発表していく間、教師は簡潔に板書しながらも、それぞれの意見に関連性はないかを常に意識しておくことが重要である。関連する言葉があれば、そこから線でつないだり、重複する考えには色チョークで目立たせたりすると、大事な特徴が浮き彫りになる。本時では、前時の子どものノートにあった「なぜごんはいたずらをし始めたのかな」を振り返りに書かせることにした。

4時間目　めあて：情景を表す言葉に着目して、ごんの気持ちを読もう。

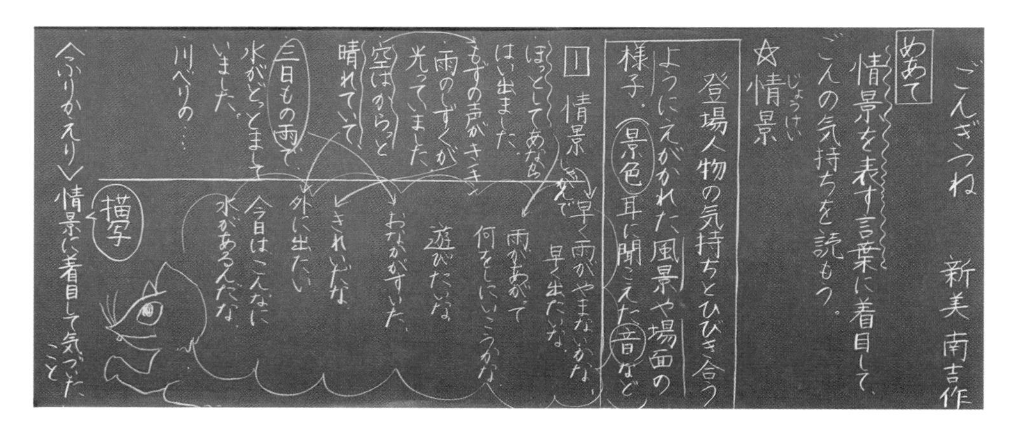

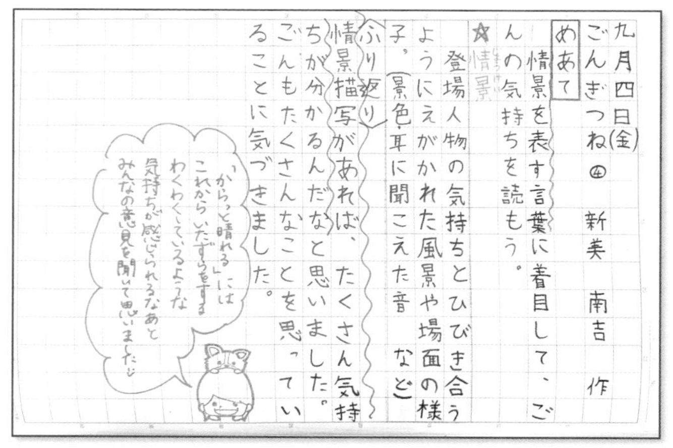

新出学習用語である「情景描写」の意味を教科書で押さえ、ノートに視写させた。振り返りには、板書の二段対応表を見て気づいたことを書かせた。

板書解説

★ 子どもたちは１場面を音読し、情景描写にサイドラインを引いて、表現に込められた人物の心情を、想像を広げながら読み取っていた。ペアで交流し、擬態語や擬音語（オノマトペ）の効果、副詞がもたらす情景の広がりなどを感じながら、表現の工夫を理解し、活発な全体交流をすることができていた。子どもが読み取ったことを二段対応表に表し、表現と心情を対応させて気づきを増やしたいと考えた。

5時間目 めあて：事件の前後のごんの気持ちを考えよう。

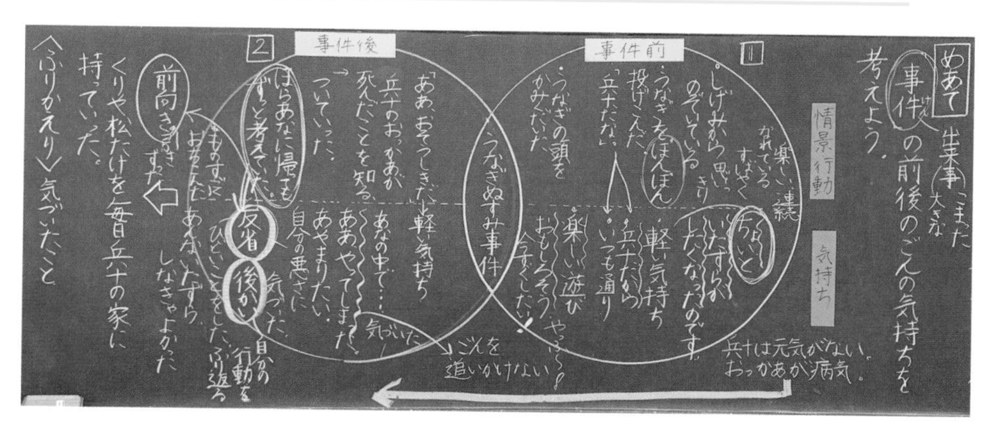

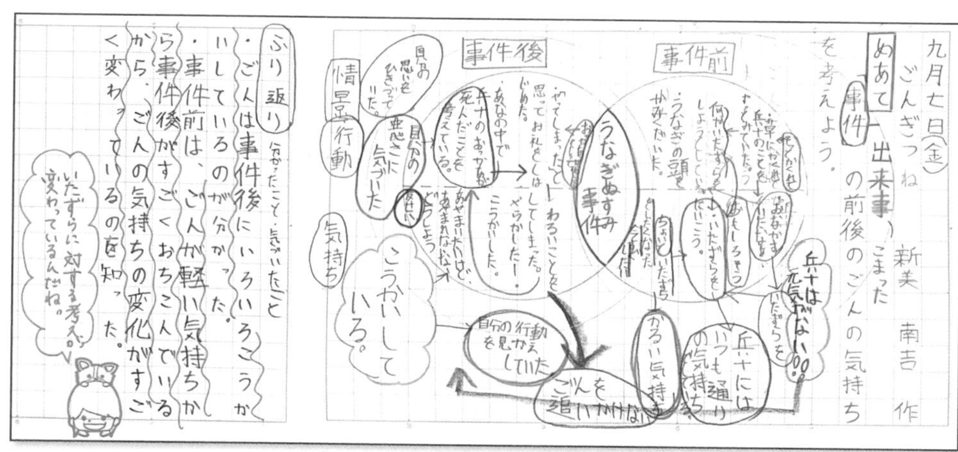

九月七日(金)
ごんぎつね
新美南吉 作
めあて
事件(出来事)の前後のごんの気持ちを考えよう。
事件前
事件後
情景 行動
気持ち
うなぎぬすみ事件
ごんを追いかけない
ふり返り
いたずらに対する考えが変わっているんだね。

ベン図をノートに書き、１場面の出来事を「うなぎぬすみ事件」としてベン図の重なり部分に書かせた。情景描写から心情を読み取り、ベン図で比較することで、ごんの心情の大きな変化に気づくようにした。

板書解説

★ ベン図の書き方の説明を簡単にした後は、一人ひとりで読み取ったことを書き込んでいく作業となった。机間指導をしていると、円からはみ出して気づいたことを書いていたり、兵十の気持ちを書いている子がいて、全体にその様子を伝えた。子どもたちが自分なりにシンキングツールの使い方をアレンジしている姿は、全員の学びを深めるチャンスにしたい。

6時間目　めあて：３場面のごんの様子や気持ちを考えよう。

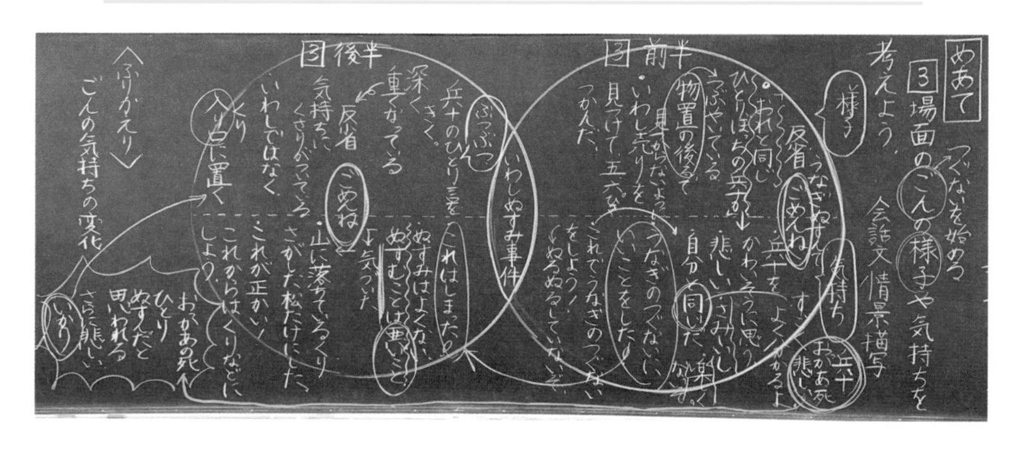

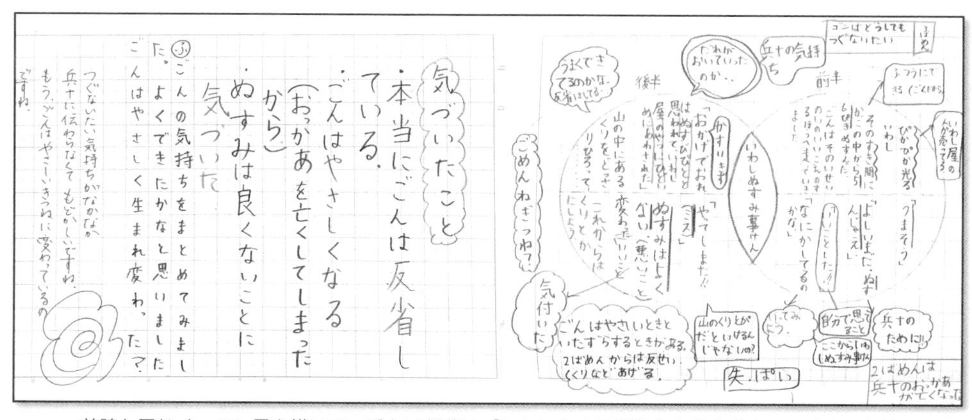

前時と同じく、ベン図を描いて、重なり部分に「いわしぬすみ事件」と書かせた。つぐないを始めたごんの心情を、情景描写や行動描写をもとに読み深めた。

板書解説

★ ごんがつぐないをする様子を演劇で表現する活動を取り入れた。すると、ごんは兵十に見つからないようにしながらも、ひとりぼっちである兵十と自分を重ね合わせ、心はどんどんと兵十に近づいていったことが読み取れた。一方、兵十のごんに対する気持ちは、うなぎを盗まれたときから変わらず、さらに母親も失い、悲しみや怒りが大きくなっていることも子どもたちは読み取っていたため、ベン図の外側に書くことにした。

7時間目　めあて：３場面と４場面のごんと兵十の近さを考えよう。

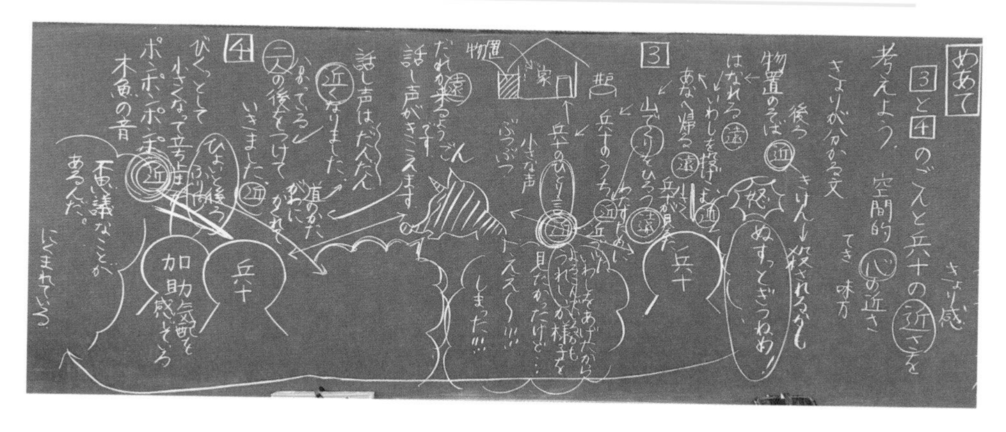

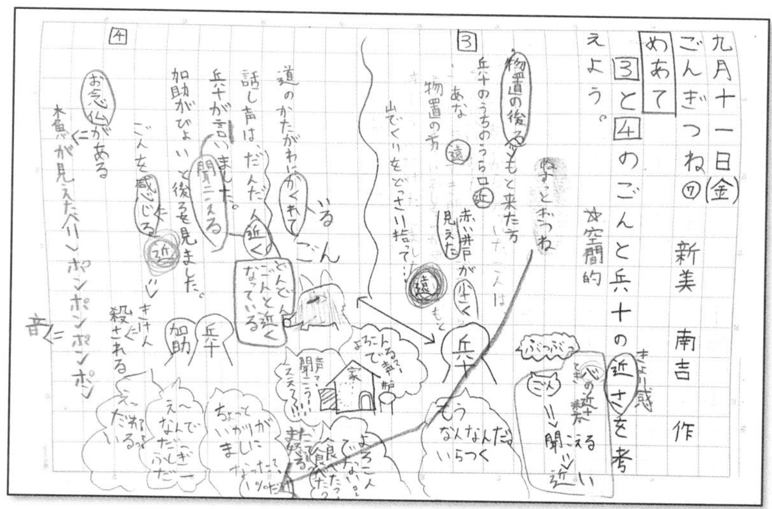

本時では、演劇を取り入れてごんと兵十の距離感を確かめ、ごんの心情を読み取る学習活動だったため、ノートは自分たちの考えを確かめるメモ書きとして使わせた。

板書解説

★ 子どもたちが、ごんと兵十の距離をつかむために手がかりにした叙述を板書したり、ごんの心情を吹き出しで表したり、「遠」や「近」と書いて、視覚的にも距離感をつかみやすくしたいと考えた。しかし、板書量が多くなりすぎたため、分かりにくくなってしまった。上がごん、下が兵十として、二人の行動や距離がどうなっていくかを可視化できる挿絵等を貼るほうが、分かりやすくなっただろう。

8時間目　めあて：ごんになりきって５場面のごんの気持ちを考えよう。

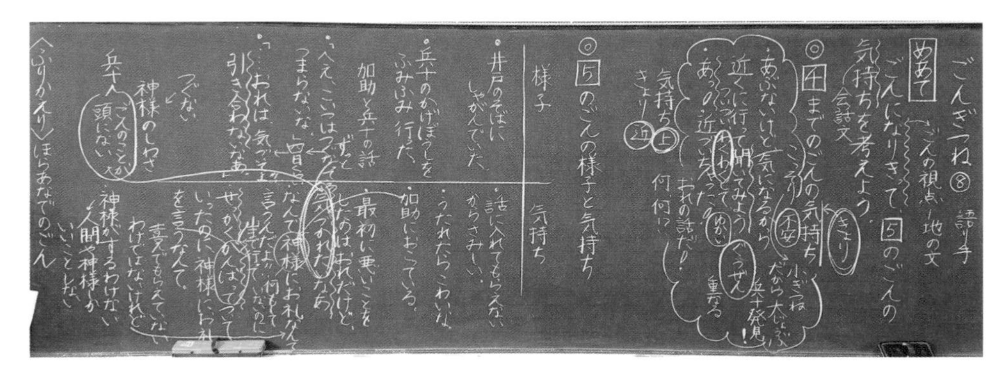

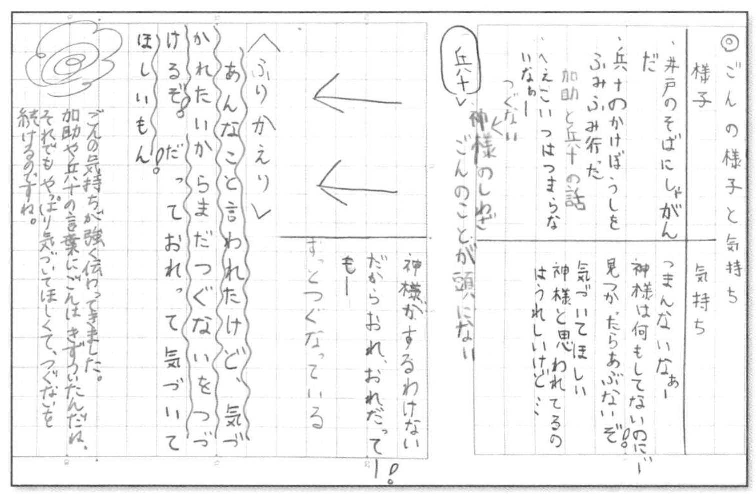

前時と同じように演劇を取り入れた。今回は、ごんの様子や心情に焦点化させるため、二段対応表を使った。

板書解説

★ 演劇を取り入れると、「人間に近づくのは危険なのに、なぜごんはこんなにも兵十に近づいたのか」という疑問が出てきた。「兵十のかげぼうしを踏めるほど近い」ことに子どもたちが気づいたのだ。また、「神様にお礼を言うなんて、引き合わない」という文から、「兵十に気づいてほしい」というごんの思いが出てきたことを読み取った。これは、つぐないを始めたころには思っていなかったが、何日も続けることで兵十に気持ちが近づきすぎたためではないかと考える子どもが多かった。

9時間目　めあて：６場面のごんと兵十の気持ちを考えよう。

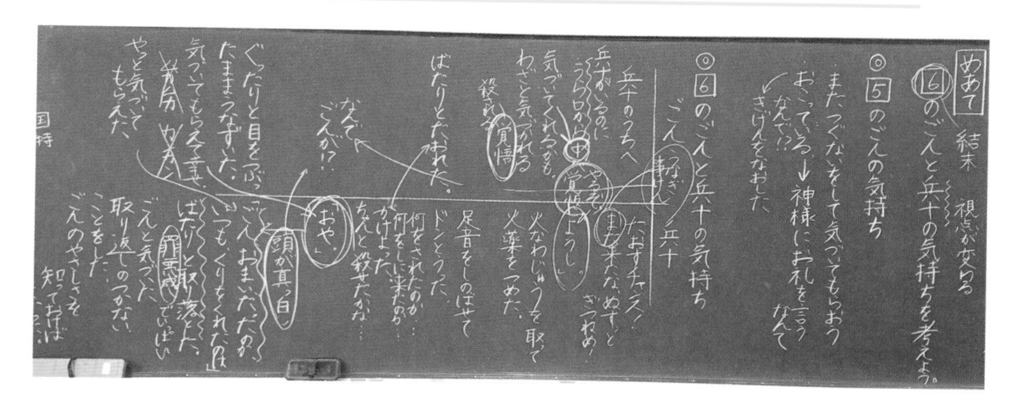

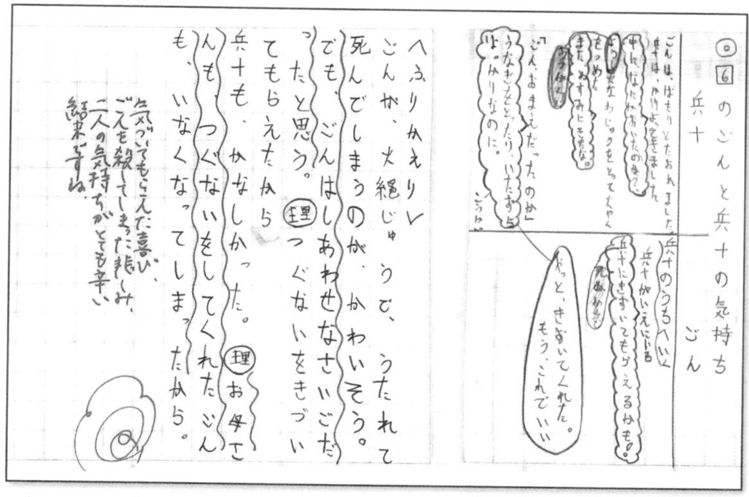

６場面では、ごん視点から兵十視点に変わるため、ごんと兵十の両方から心情を読めるように、二段対応表を使った。子どもたちは演劇を活用して、想像を広げて考えたことをノートに書き加えていった。

板書解説

★ 子どもたちは「ごんは、うちのうら口から、こっそり中へ入りました」という文章を見逃さず、演劇の後、「見つかってもいいと思ったのかな」とグループで考えを交流していた。ごんは「死を覚悟していた」という意見から子どもたちの思考は深まっていき、そうまでして「兵十に気づいてもらいたかった」ことから、最後のごんは幸せだったとした。しかし、反対に兵十はごんを撃ってしまってからごんの本当の行動の意味に気づき、罪悪感でいっぱいになったと読み取っていた。

10・11時間目　めあて：一文目につながる物語を書こう。

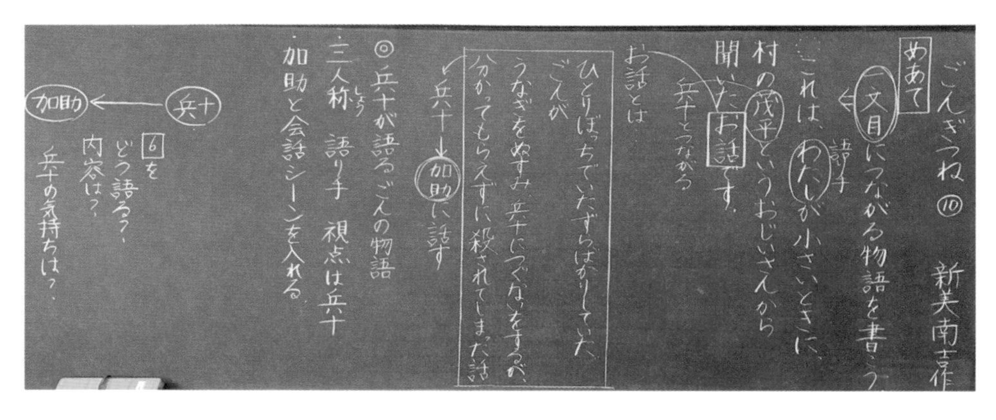

ごんぎつね⑩　新美南吉　四年（　）組（　）番名前

めあて

設定　これは、わたしがちいさいときに、村の茂平というおじいさんから聞いたお話です。

条件　三人称で書くこと。情景描写を入れること。ごんに対する気持ちを入れること。

構想　中心人物（　　　）対人物（　　　）

物語の一文目を板書し、「わたし」「茂平」「お話」を手がかりに、兵十の行動を考えさせた。物語創作のテーマやルールを共有し、ワークシートに物語の構想を自由に書き出していった。

板書解説

★「６場面の後、兵十はどうしただろう」と問うと、各々で続きの話を語り始める。すると、「一文目が気になる」と発言があり、本時のめあての提示につながった。

「兵十が誰かに話さないと、この話は茂平まで伝わらないが、誰に話しただろう」と問うと、すぐに「加助」と答えが返ってきた。兵十が加助に話すシーンと、ごんへの思いを必ず物語に入れることと、三人称限定視点で情景描写を入れて書くことを確認した。

12時間目 めあて：物語を出版し、読み合ってファンレターを送ろう。

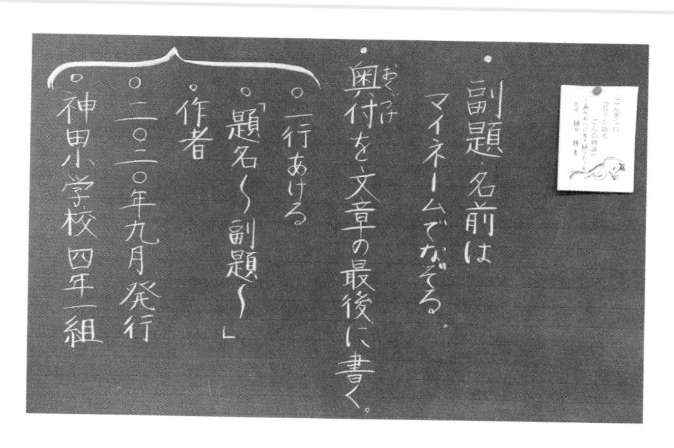

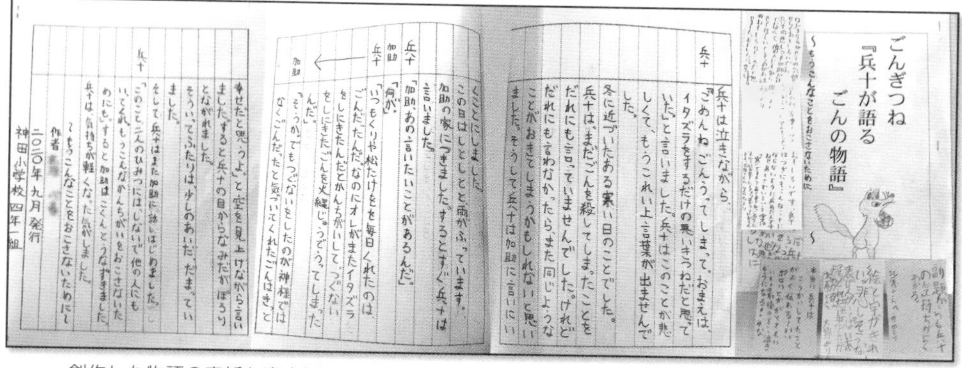
ごんぎつね『兵十が語るごんの物語』
～もうこんなことをおこさないために～

兵十は泣きながら、
「ごめんね、ごん。うってしまって。おまえは、イタズラをするだけの悪いきつねだと思っていた。」と言いました。兵十はこのことが悲しくて、もうこれい上言葉が出ませんでした。
冬に近づいたある寒い日のことでした。兵十は、まだごんを殺してしまったことをだれにも言っていませんでした。けれどだれにも言わなかったら、また同じようなことがおきてしまうかもしれないと思いました。そうして兵十は加助に言いにいくことにしました。
この日はしとしとと雨がふっています。加助の家につきました。するとすぐ兵十は言いました。
「加助、あの言いたいことがあるんだ。」
「何が。」
「いつもくりや松たけをを毎日くれたのは、ごんだったんだ。なのにオレがまたイタズラをしにきたんだとかんちがいして、つぐないをしにきたごんを火縄じゅうでうってしまったんだ。」
「そうか。でもつぐないをしたのが神様ではなくごんだったと気づいてくれたごんはきっと幸せだと思うよ。」と空を見上げながら言いました。すると兵十の目からなみだがぽろりとながれました。
そういってふたりは、少しのあいだ、だまっていました。
そして兵十はまた加助に話しはじめました。
「このことは二人のひみつにはしないで他の人にもいって、もうこんなかんちがいをおこさないためにも。」すると加助はこくんとうなずきました。
兵十は、気持ちが軽くなった気がしました。

～もうこんなことをおこさないために～
作者
二〇二〇年 九月 発行
神田小学校 四年一組

創作した物語の表紙と裏表紙の作り方を確かめた。裏表紙には奥付を書いて学級内で出版させた。出版した作品は全員で読み合い、作品の内容や書き方のよいところをファンレターに書いて送り合った。
〈条件〉
・兵十のごんに対する思いを入れる。
・情景描写を入れる。
・三人称で書く。

板書解説

★ ファンレター用の付箋といっしょに、教室の後ろの棚や掲示板に作品を展示した。副題は、兵十の思いや作品の主題とつながっており、表紙に書くことによって、読み手を惹きつけていた。
　創作した物語を読み合う時間は、作品世界を豊かにするだけでなく、表現力の向上にもつながった。

6 「注文の多い料理店」（東京書籍、5年）

単元の言語活動と計画

本教材は、「現実―非現実―現実」のファンタジー構造になっています（教材：「注文の多い料理店」『新しい国語五』東京書籍、令和２年度版）。現実と非現実の境目は捉えにくく、冒頭や結末が特徴的です。物語を楽しんで読めるだけでなく、言葉に着目してより深く読む意欲を掻き立てる作品であることから、同一作者のほかの作品を読むきっかけにもなり得るため、以下の単元の言語活動にしました。

単元の言語活動　・宮沢賢治作品を推薦しよう。

単元計画

❶ 物語全体を捉えて、感想を書こう。
❷ 設定を確かめて、問いをもとう。
❸ 二人の紳士の人物像と山猫軒のつながりを見つけよう。
❹ １枚目の扉に入る紳士をモニターしよう。
❺ ２・３枚目を通る紳士をモニターしよう。
❻ ４・５枚目の戸を通る紳士をモニターしよう。
❼ ６枚目の戸を通る紳士をモニターしよう。
❽ ７枚目の戸を通らない紳士をモニターしよう。
❾ 結末の意味を考えよう。
❿ 宮沢賢治作品を推薦しよう。

1時間目　めあて：物語全体を捉えて、感想を書こう。

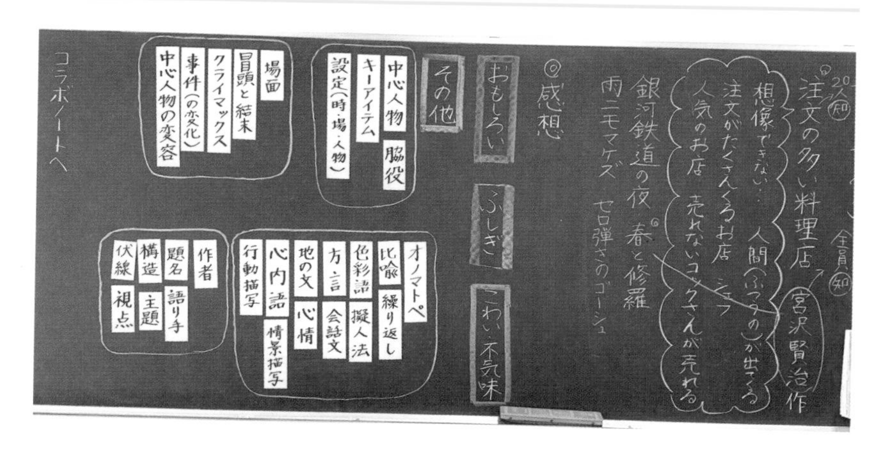

おもしろい　不思議　第１時　感想（おもしろい・不思議・不気味）を書こう　不気味　その他

1番 なぜ注文の文字の色や大きさが変わっているのか なぜ大きな字になった時恐ろしい文になったのか 顔が紙くずになっても戻らないこと 死んだ犬が生き返っていること	2番 山猫は人（紳士）を食べるのか？ この話には、色彩語がたくさん使われている。	3番 顔がくしゃくしゃになってもとにもどらないところが面白い。 死んだはずの犬が生き返ったのが不思議？	2ページ目の下の2行目の… どうして急にシロクマのような犬が現れたのか不思議に思った。 顔が紙くずのようになってしまうところ	5番 現実→ファンタジー→現実 書いてあることがどんどん怪しくなっていって（伏線）、最後に食べられてしまうと気づいた所で、とがったものを置いたり、クリームを塗ったりした理由が分かるところ。	6番　額縁構造な気がする 注文が多いのは、店側だったトリックが面白い 顔が戻らないのは何故？ 犬は死んだんじゃないの？ 技法が多くて読みやすい 猫は人間より小さいのに人間を食べるのが怖い	7番 なぜ山猫軒が現れたのか？ 兵隊は最後までどうもおかしい店だと気付かなかった所。 なぜ最後に死んだはずの犬が出て来たのか。
8番 いつの間に料理店が出来たのかが不思議 兵隊が何回も戸を開けても、不思議に思わないのが面白い 顔が紙くずになってもどらない お腹が空いてクリームを食べたこと	9番 いったんくしゃくしゃになった顔が戻らないという場面が不思議 金持ちが泣いているとい	10番 山猫が、書いた注文がどんどんこのお店に来た人が、食べられますって書いてあるのが分かりやすくなっているのが面白い！ 何で紙クズのような顔に？？	11番 注文の多い料理店はそっちのほうか"って思いました！ 宮沢賢治のこの発想が面白かったです。 泡を吹いて死んだはずの犬が生き返るのか怖っ	オノマトペがいっぱいあった。 戸に書いていたいたことに、二人のしんしが前向きに対応している姿がおもろい。 死んだはずの二匹の犬が最後に現れたのが不思議。 犬達は戻ってきているのに、くしゃくしゃになった顔が戻らないところ	13番 なぜ死んだはずの犬が最後に助けに来てくれたのか。 山猫は字が書けるのか。 どうやって館を出したり消したりしたのか。 なぜ顔がくしゃくしゃになったのか。また、なぜ顔が戻らない	死んだはずの白くまのような犬が生き返って飛び出してきた事 二千四百円や二千八百円など細かく書いているところ。 山猫が人間を注文していて、楽しみにしているところ。
15番 なんで紙くずのような顔になったのか。2枚目下47行目なんで「うち」だと思っていた場所が森の中なのか。◦幻？ シカク6のシーン…怖 なぜ犬が？… 専門の猟師がどうやって深い森の中で二人をみつけたん…	二人の紳士が、自分たちが食べられることにきずかずに、いろいろな指示に従っている 山猫の喋り方が不気味 何故料理店が最後にけむりのように消えたのか 紳士たちの気持ちが不思議な気持ちから怖い気持ちになるところが面白い	17番 注文する立場が逆 なぜ山猫は喋れるのか なぜ犬は生きていたのか なぜ部屋は消えたのか	18番 現実と、非現実が、混ざっていて、面白い。 なぜ、ここに注文の多い料理店が、あるのか？ なぜ犬が、出てきたのか？ 注文の多い料理店にいたのは、どんな猫だったのか？	19番 現実と非現実がごちゃまぜ!◻ 客が注文されるという発想がめちゃ面白い!◻ この館はなんだったのか？ 1番上の立場の人は誰なのか？ 動物（多分）に人間が食べられてる～!?	20番 なぜこんな山奥にお店があるのか？	21番 最後の「しかしさっきいっぺん紙くずのようになった二人の顔だけは東京に帰っても元のとうりになおりませんでした」が怖かったｐ
22番 （面白い所） 犬の表現で、白くまのような犬、というのがおもしろい。 （不思議な所） なぜ、さっきいっぺん紙くずのようになった二人の顔だけは、東京に帰っても、お湯に入っても、もう元どうりに戻らなかったのか？	23番 この料理店の設定が少ししか、かかれていないので、謎めいていて、面白い。 また、読み終わっても不思議に思うところがあって、読み返し…	24番 最後に顔がくしゃくしゃになるところが面白い。 いきなり西洋料理店が現れ	25番 猫が人に注文して、その人を食べてしまう所が怖い。でも、そう考えると全部が繋がるなと思う。 猫が書いている文章がしゃれになっているところが面白い。	26番 西洋料理店がお客さんが食べられると言う発想が面白いと思います 最後の方の二人の鉄砲を持った人が自分たちが食べられると分かったところからどうしようもなくなってこわいと思います	27番 白くまのような犬などという比喩表現を使っているところがおもしろい。 死んだはずの犬が生き返ってきたのが不思議。	28番 二人の料理店からの注文の受け取り方が面白いし、変わっている。お客さんのほうが食べられてしまうという発想も面白い。 向こうからの注文から反応出来る二人が不思議。
「体中体中に塩をたくさんよくもみ込んで下さい」というところが、2人の紳士が食べられるという事が分かって、面白かった。 「ブラシを置くやいなや、そいつがぼうっとかすんで無くなって、風がどうっと部屋の中に入って来ました。」という所が不気味で面白い。	30番 一場面は二人の若い紳士がファンタジー世界に迷い込む場面 しかし、シロクマのような犬や…	31番 何故、犬は二人の元へ来れたのか 向こうが沢山注文してくる所 顔が紙くずのようになる所 最初の看板に山猫と書き最後の方にその山猫を登場させる仕掛け	32番 僕は、お客さんに注文を頼む所が面白いと思いました。何故なら、あり得ないことまでも受け付けてしまう2人が面白いからです。	33番 この物語はファンタジーの物語で、現実→ファンタジー→現実の額縁構造だと思います オノマトペや情景描写が多かった …みたいにこれも…ところに驚いた	34番 注文の内容がおもしろい。 →特に最後の「おなかにお入りください。 自分達が食べられると分かるところ	35番

コラボノートで集約した子どもの感想や問い

板書解説

★ 題名読みをした後、範読をして、ピンク色の付箋が「おもしろい」、黄色が「不思議」、青色が「怖い・不気味」、黄緑色が「その他」として、コラボノート（タブレット）上で感想を提出させた。感想を豊かにするために、これまで学習した読みの観点を振り返り、黒板に提示した。

付箋を早く提出できた人から友達の感想を読み合い、感じ方の違いを共有した。「おもしろい」と「不思議」がほぼ同数であったが、再読すると「怖い・不気味」が一気に増えたのが印象的であった。

2時間目　めあて：設定を確かめて、問いをもとう。

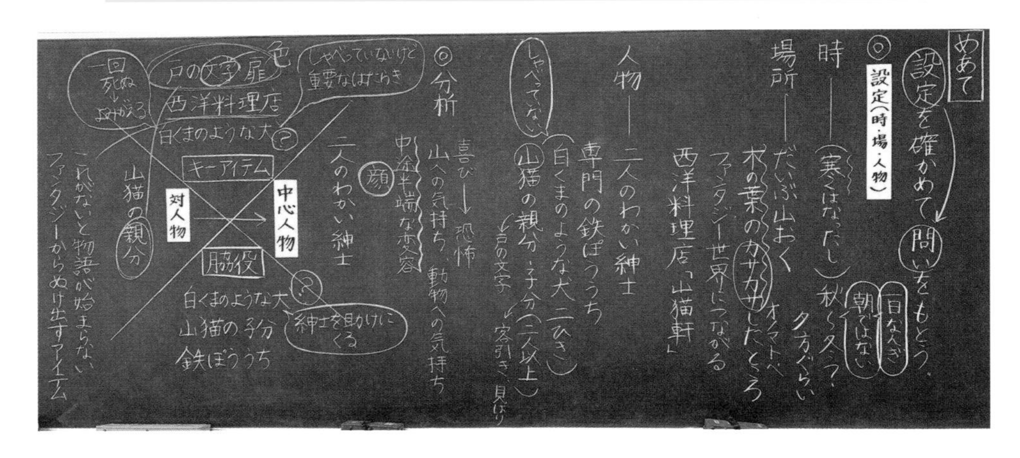

〈設定〉	〈問い〉
山猫軒	山猫軒は人をどうするのか。
	なぜ山猫軒が現れたのか。
	なぜ捕まえて料理しなかったのか。
	山猫の親分は、なぜ紳士達が来ることが分かるのか。 →「鉄砲と球をここに置いてください。」とあって、普通の人は鉄砲と球なんて持っていないから。
結末	顔が戻らなかったのは、山に次行くとき、山猫軒の思い出を、思い出させるため？
	最後顔が戻らなかったのはなぜなのか。
	犬がなぜ生き返り２人の紳士を救いにきたのか。
登場人物	紳士の名前が出ていない理由はなぜか。

設定と人物の役割を分析した後、グループで読み深めるための問いを考えた。

板書解説

★ 人物の役割をXチャートで分析させた。中心人物、対人物、脇役、キーアイテムをグループで考えて、書き込んでいくが、「白熊のような犬は人物に入れてもよいか」について、活発な議論が起きた。「人間のように話してはいないけれど、重要な働きをしている」という意見は、人物を分析し、それぞれの役割を比較したからこそ出てきた意見であり、Xチャートによって、気づきが生まれていた。

3時間目　めあて：二人の紳士の人物像と山猫軒のつながりを見つけよう。

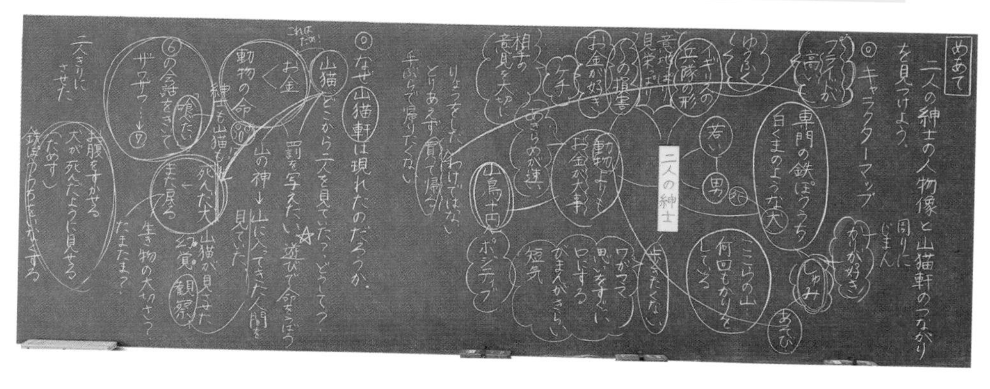

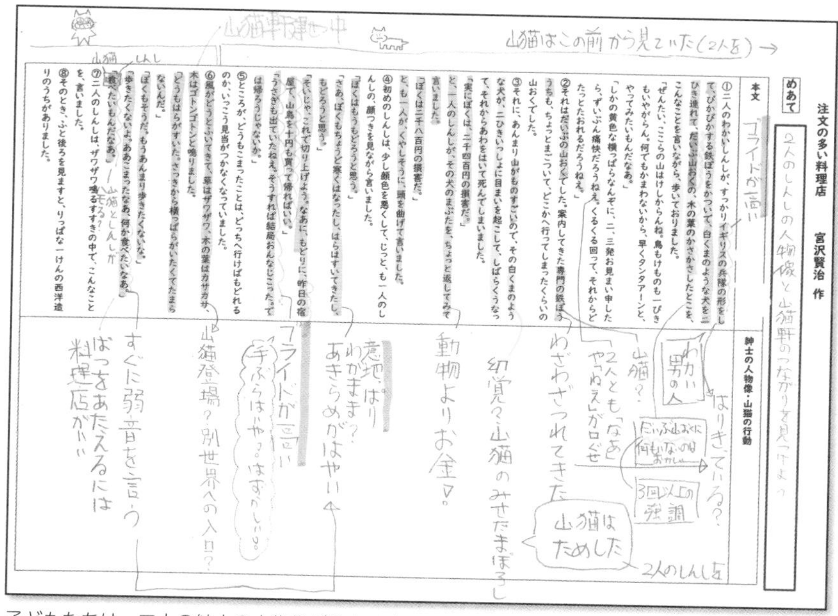
注文の多い料理店　宮沢賢治 作

めあて　2人のしんしの人物像と山猫軒のつながりを見つけよう

本文

①二人のわかいしんしが、すっかりイギリスの兵隊の形をして、ぴかぴかする鉄ぽうをかついで、白くまのような犬を二ひき連れて、だいぶ山おくの、木の葉のかさかさしたとこを、こんなことを言いながら、歩いておりました。

「ぜんたい、ここらの山はけしからんね。鳥もけものも一ぴきもいやがらん。何でもかまわないから、早くタンタアーンと、やってみたいもんだなあ。」

「しかの黄色な横っぱらなんぞに、二、三発お見まい申したら、ずいぶん痛快だろうねえ。くるくる回って、それからどたっとたおれるだろうねえ。」

②それはだいぶの山おくでした。案内してきた専門の鉄ぽううちも、ちょっとまごついて、どこかへ行ってしまったくらいの山おくでした。

③それに、あんまり山がものすごいので、その白くまのような犬が、二ひきいっしょに目まいを起こして、しばらくうなって、それからあわをはいて死んでしまいました。

「実にぼくは、二千四百円の損害だ。」

と、一人のしんしが、その犬のまぶたを、ちょっと返してみて言いました。

「ぼくは二千八百円の損害だ。」

と、も一人が、くやしそうに、頭を曲げて言いました。

④初めのしんしは、少し顔色を悪くして、じっと、も一人のしんしの、顔つきを見ながら言いました。

「ぼくはもうもどろうと思う。」

「さあ、ぼくもちょうど寒くはなったし、はらはすいてきたし、もどろうと思う。」

「そいじゃ、これで切り上げよう。なあに、もどりに、昨日の宿屋で、山鳥を十円も買って帰ればいい。」

「うさぎも出ていたねえ。そうすれば結局おんなじこった。では帰ろうじゃないか。」

⑤ところが、どうもこまったことは、どっちへ行けばもどれるのか、いっこう見当がつかなくなっていました。

⑥風がどうとふいてきて、草はザワザワ、木の葉はカサカサ、木はゴトンゴトンと鳴りました。

「どうもはらがすいた。さっきから横っぱらがいたくてたまらないんだ。」

「ぼくもそうだ。もうあんまり歩きたくないな。」

「歩きたくないよ。ああこまったなあ、何か食べたいなあ。」

「食べたいもんだなあ。」

⑦二人のしんしは、ザワザワ鳴るすすきの中で、こんなことを、言いました。

⑧そのとき、ふと後ろを見ますと、りっぱな一けんの西洋造りのうちがありました。

紳士の人物像・山猫の行動

山猫はこの前から見ていた（2人を）→
プライドが高い
わかい男の人
はりきっている？
山猫？
わざわざつれてきた
幻覚？山猫のみせたまぼろし
動物よりお金？
意地っぱり　わがまま？　あきらめがはやい
プライドが高い
手ぶらはいや？はずかしい？
山猫登場？別世界への入口？
すぐに弱音を言う
ぱっとあたえるには料理店がいい
山猫はためした
2人のしんしを

子どもたちは、二人の紳士の人物像が分かる表現を叙述から探して考えやすいように本文入りのワークシートを準備した。板書には人物イメージマップを書いて、思考を広げられるようにした。

板書解説

★ 人物イメージマップを板書する際、本文に書いてあることか、子どもたちが想像したことかが重要である。本文の叙述の抜き出しには丸囲み、想像したことには、雲型の囲みを描いて分類した。

4時間目 めあて：１枚目の扉に入る紳士をモニターしよう。

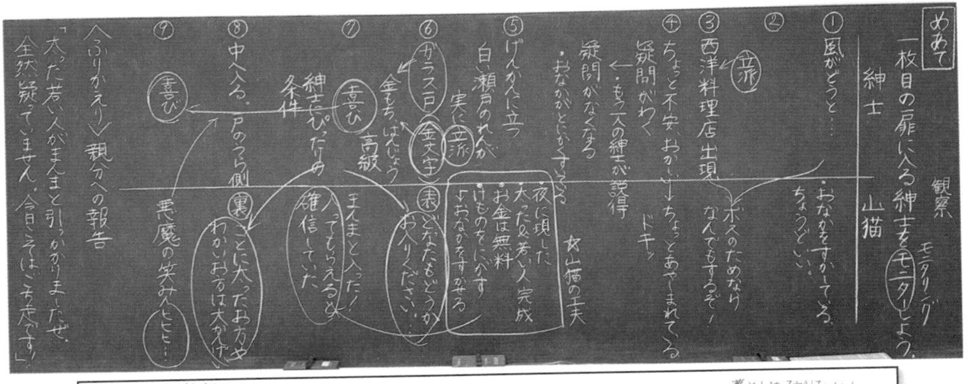

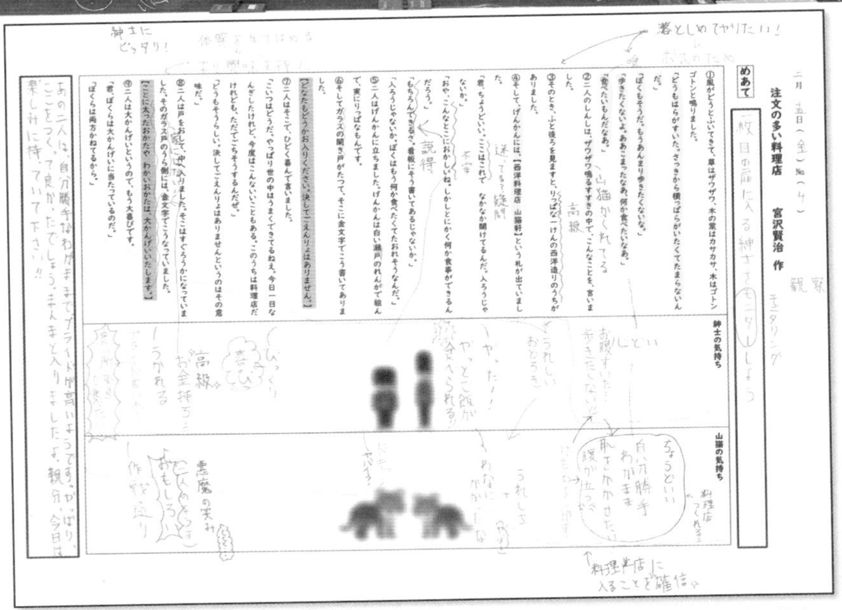

注文の多い料理店　宮沢賢治 作

めあて

紳士の気持ち

山猫の気持ち

①風がどうとふいてきて、草はザワザワ、木の葉はカサカサ、木はゴトンゴトンと鳴りました。

「どうもはらがすいた。さっきから横っぱらがいたくてたまらないんだ。」

「ぼくもそうだ。もうあんまり歩きたくないな。」

「歩きたくないよ。ああこまったなあ、何か食べたいなあ。」

「食べたいもんだなあ。」

②二人のしんしは、ザワザワ鳴るすすきの中で、こんなことを、言いました。

③そのとき、ふと後ろを見ますと、りっぱな一けんの西洋造りのうちがありました。

④そして、げんかんには、【西洋料理店　山猫軒】という札が出ていました。

「君、ちょうどいい。ここはこれでなかなか開けてるんだ。入ろうじゃないか。」

「おや、こんなとこにおかしいね。しかしとにかく何か食事ができるんだろう。」

「もちろんできるさ。看板にそう書いてあるじゃないか。」

「入ろうじゃないか。ぼくはもう何か食べたくてたおれそうなんだ。」

⑤二人はげんかんに立ちました。げんかんは白い瀬戸のれんがで組んで、実にりっぱなもんです。

⑥そしてガラスの開き戸がたって、そこに金文字でこう書いてありました。

【どなたもどうかお入りください。決してごえんりょはありません。】

⑦二人はそこで、ひどく喜んで言いました。

「こいつはどうだ。やっぱり世の中はうまくできてるねえ。今日一日なんぎしたけれど、今度はこんないいこともある。このうちは料理店だけれども、ただでごちそうするんだぜ。」

「どうもそうらしい。決してごえんりょはありませんというのはその意味だ。」

⑧二人は戸をおして、中へ入りました。そこはすぐろうかになっていました。そのガラス戸のうら側には、金文字でこうなっていました。

【ことに太ったおかたや　わかいおかたは、大かんげいいたします。】

⑨二人は大かんげいというので、もう大喜びです。

「君、ぼくらは大かんげいに当たっているのだ。」

「ぼくらは両方かねてるから。」

登場人物になりきって演劇をすることで気づいたことや思ったことをワークシートに書き込んでいく。どの叙述のときに、どう感じたかが分かるように書くよう声かけをした。

板書解説

★ めあてを書いて「モニターって分かる？」と尋ね、「モニターは観察することだよ。どこから山猫が紳士を見ているのかな。なりきってやろう！」と伝えた。子どもからは、「草のかげから」「天から」「二人の紳士の後ろから」などがあがり、すでにイメージを広げている様子だった。紳士と山猫の心情や行動について気づいたことを発表し、板書では発言と発言を関連付けながら思考が深まるように意図して書いた。

5時間目　めあて：2・3枚目を通る紳士をモニターしよう。

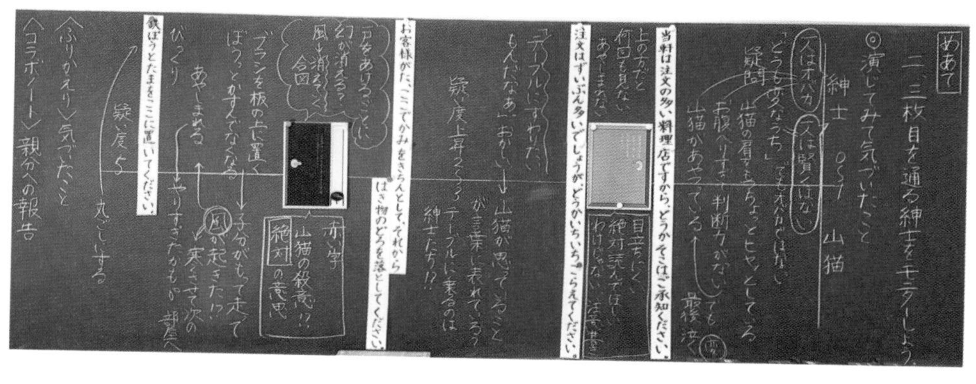

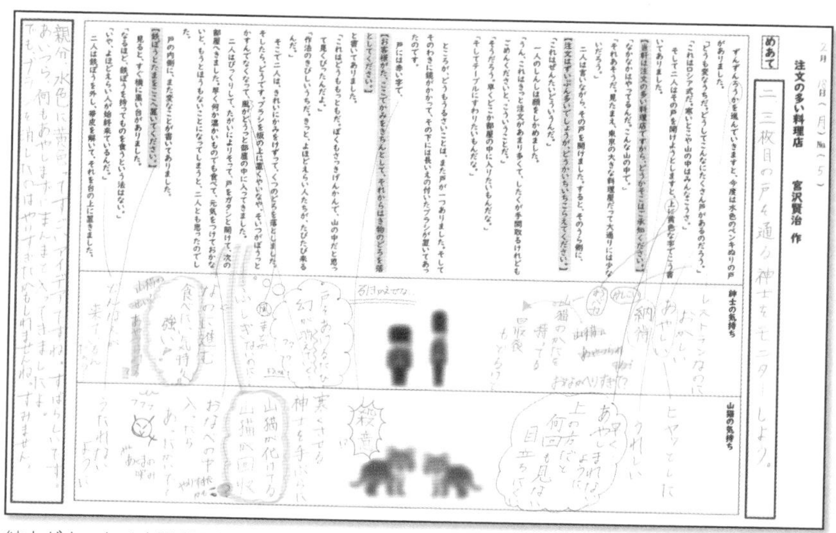

紳士がまったく山猫軒を疑っていない状態を疑い度0として共有し、その数値が本時ではどのように変化するかを意識させた。色の工夫に気づけるよう、戸の絵をカラーで表した。

板書解説

★ 戸に書いてある文字の意図や内容をできるだけ立体的に表現して、物語世界を想像できるようにしたいと考えた。そこで、プレゼンテーションソフトで戸を作成し、表と裏の文を模造紙に書いて、戸を挟むように提示した。水色の戸に黄色の文字は、明らかに見えにくい配色になっていることから、子どもたちは、戸の注意書きはあまり読んでほしくないのではないかと気づいていた。

6時間目　めあて：４・５枚目の戸を通る紳士をモニターしよう。

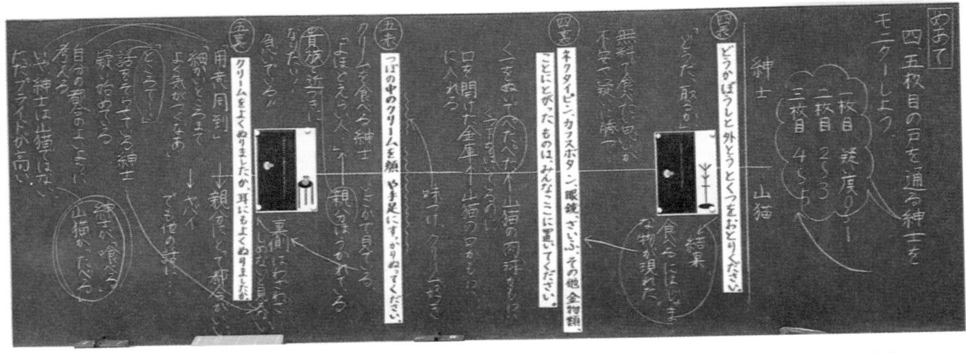

ワークシートを渡すと同時に、演じるために大事にしたい叙述に線を引く子がいた。戸の表と裏の文章の内容や文字の大きさ等も意識して読んでいる。

板書解説

★ 二段対応表で紳士と山猫の心情を表すことを続けていると、紳士が不安に思っている一方で、山猫はどんどん勢いづいている様子が読み取れた。また、紳士の会話文からは、自分の都合のよいように考えようとする自己中心性が垣間見え、初めに読み取った人物像をさらに深めることができた。制服のジャケットを脱ぐ、靴と靴下を脱ぐ、髪の毛についているピンを外す等、役になりきって演じることで、食べる側の苦労と食べられる側の違和感を感じることができた。

7時間目　めあて：６枚目の戸を通る紳士をモニターしよう。

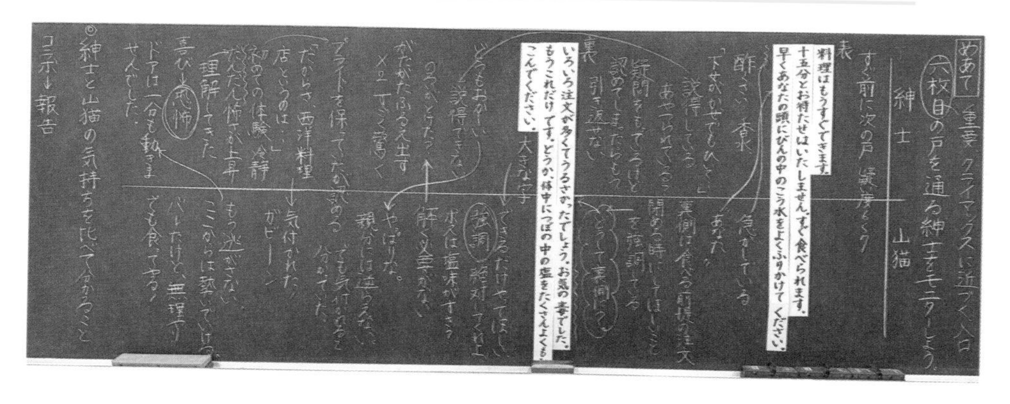

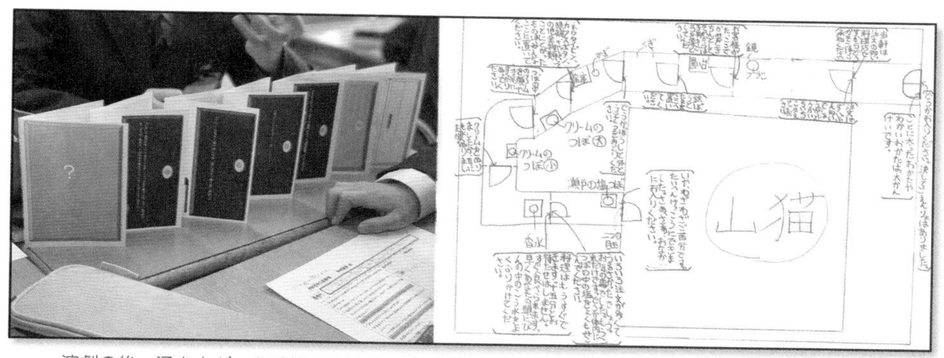

演劇の後、湧き上がった感情を交流する際、山猫役、紳士役になりきって互いに質問に答える活動を取り入れると、ワークシートに吹き出しや様子を表す言葉を増やすことができた。

板書解説

★ 山猫と紳士の心情を二段対応表で比べていると、同じ戸の文章でも受け取り側の意識によって違う読み方ができることに気づいた。たとえば、「料理はもうすぐできます」という文章の「料理」は、紳士は西洋料理だと思っているが、山猫は紳士たちのことを言っていることや、「いろいろ注文が多くてうるさかったでしょう」も「注文」は客からの要望ではなく、店からの注文であったことに気づかされる。二段対応表で表すことで、言葉の二面性についても捉えられる板書となっていた。

8時間目　めあて：７枚目の戸を通らない紳士をモニターしよう。

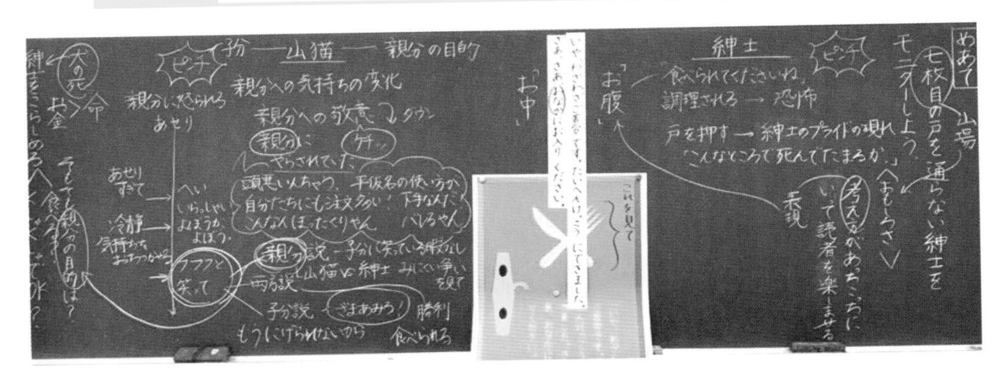

子どもたちが、山猫役、紳士役になりきって演じている場面。戸の向こうにはお腹をすかせた山猫がおり、紳士は身ぐるみを剥がされてぶるぶると震えている。

板書解説

★ 板書の中央に、最後の戸を大きく提示して、右側は紳士がいる部屋、左側は山猫がいる部屋を表し、板書上に仮想空間をつくろうと考えたのである。紳士側から読むと、「どうぞお中にお入りください」という言葉は、山猫側から読むと、「どうぞお腹にお入りください」という意味になる。７枚目までうまく紳士を騙してきたが、バレそうになった山猫の子分たちがとった行動を予想して演劇に取り入れ、読みを広げられるようにした。

9時間目　めあて：結末の意味を考えよう。

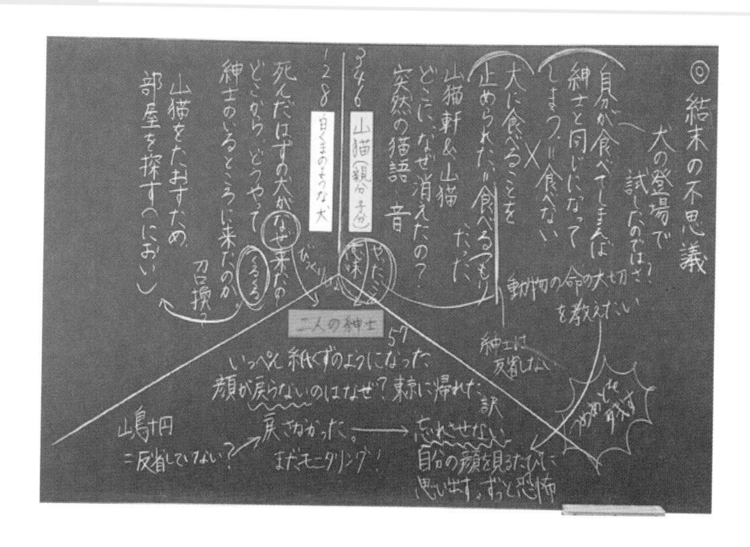

めあて　結末の**不思議**に迫ろう。

白くまのような犬		出てくる
なぜ、戻ってきたのか	なぜ、戻ってこれたのか	

二人の紳士		出てくる
顔がくしゃくしゃになって戻らないのはなぜか	山鳥を十円だけ買って帰ったのはなぜか	

山猫		出てこない
なぜ山猫軒は消えたのか	山猫の意志、作者の意志は？	

10時間目　めあて：宮沢賢治作品を推薦しよう。

５人グループでブックトークをしている様子。ブックトーク後に、読みたくなった本とその理由、感想を書かせた。

板書解説

★ 結末場面に登場する人・物／登場しない人・物を確かめ、着目させたい人物を「白くまのような犬」「二人の紳士」「山猫」に絞る。それぞれの結末場面での描かれ方において、「不思議なこと」を出し合い、不思議さに込められた意味について、グループで解釈を深めた。

7

「海の命」（光村図書、6年）

単元の言語活動と計画

「海の命」は、自然を舞台に中心人物である太一の成長を描いた作品です（教材：「海の命」『国語六』光村図書、令和2年度版）。父のようなもぐり漁師になることを夢見ていた太一ですが、ある日突然父を失います。しかし、一本釣り漁師の与吉じいさに弟子入りして影響を受け、太一は自分で生き方を選択して成長していきます。

単元の言語活動

・「海の命スピンオフ物語」を書いて、物語世界を広げよう。

単元計画

❶ 感想を書き、交流して問いをもとう。
❷ お話の設定を確かめて全体の構成を捉えよう。
❸ 父の生き方や、太一の父に対する思いを読み取ろう。
❹ 与吉じいさの生き方と太一の成長を読み取ろう。
❺ 太一の生き方に強く影響を与えたのは？（討論会）
❻ 太一が瀬の主をうたなかったのはなぜかを考えよう。
❼ 結末の意味を考えよう。
❽❾『海の命スピンオフ物語』を書こう。
❿『海の命スピンオフ物語』を交流して物語世界を広げよう。

1時間目　めあて：感想を書き、交流して問いをもとう。

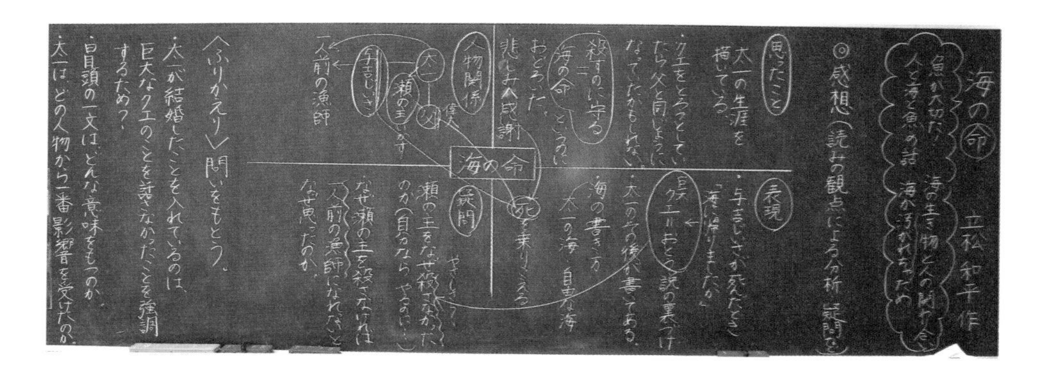

＊ふりかえりに書かれた問い

●表現について
・「海」の表現方法をたくさん変えているのはなぜか。
・与吉じいさが死んだときに太一が言った「海に帰りましたか」の意味。
・「また会いに来ますから」の意味。

●中心人物「太一」について
・なぜ瀬の主を殺さないと一人前の漁師になれないと思ったのか。
・なぜ瀬の主をおとうと考えたのか。
・夢は実現するとあるが、何のための夢だったのか。
・父が死んだというのになぜ、漁師になろうとしたのだろうか。
・太一は父親の死をどう受け止めたのか。
・太一はどの人物から一番影響を受けたのか。

●冒頭と結末について
・冒頭の一文にはどのような意味があるのか。
・この文全体を通して言いたかったことは何なのだろうか。

初発の感想は、観点を明確にしながらノートに書くように指示した。発表するときに感想マトリクスを使って、できるだけ観点ごとに分類して板書し、子どもたちの意見のつながりを可視化した。

板書解説

★ 子どもたちの感想には、「海の命とは何か」「一人前の漁師とは何か」「なぜ瀬の主を殺さなかったのか」という抽象的な言葉や太一の行動に対する疑問が多く書かれていた。そのため、板書では題名を中央に書き、「海」や「命」に向き合う話だと意識できるようにした。

2時間目　めあて：お話の設定を確かめて全体の構成を捉えよう。

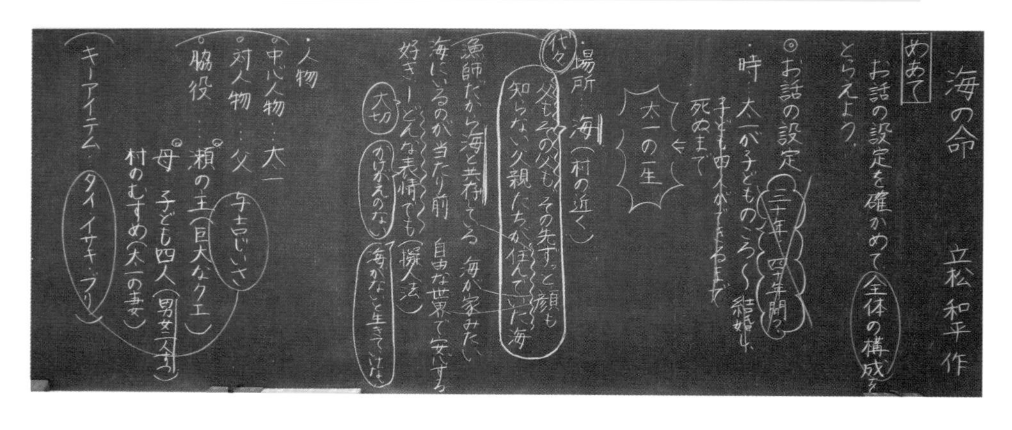

物語の設定は子どもたちといっしょに読み取った。ワークシートを配付し、時を表す言葉を手がかりに本文を６つの場面に分け、人物の生き方に関わる重要な言葉を書き込ませた。

板書解説

★ 時の設定を確認する際、初めは「太一が結婚するまでだから、30 ～ 40年間の物語」という意見が子どもから出たが、すぐに「生涯だれにも話さなかった、と書いてあるから違う」という意見が出て、「太一の一生の物語」となった。場所についても「海」とすぐに答えた子どもがいたが、「もう少し詳しく言える人いる？」と聞いて場所の認識を深めた。人物の生き方を深めるためには、このように「時」と「場所」の設定を詳しく読んで強調しておくことが重要であると考えている。

3時間目　めあて：父の生き方や、太一の父に対する思いを読み取ろう。

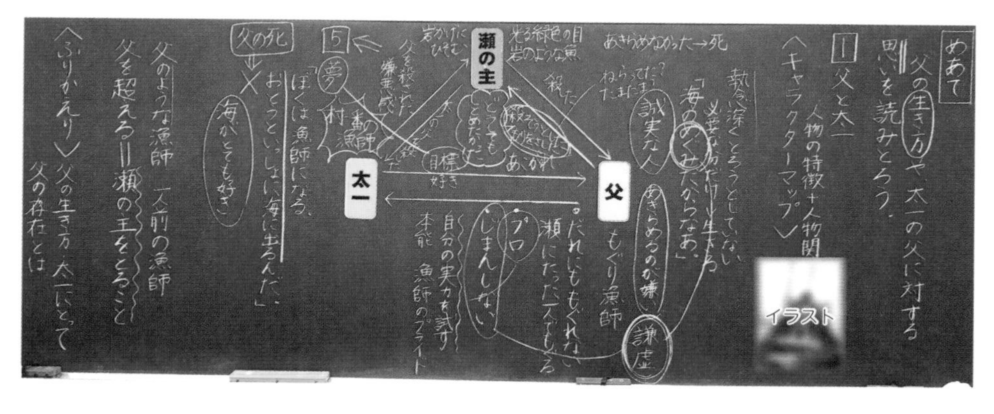

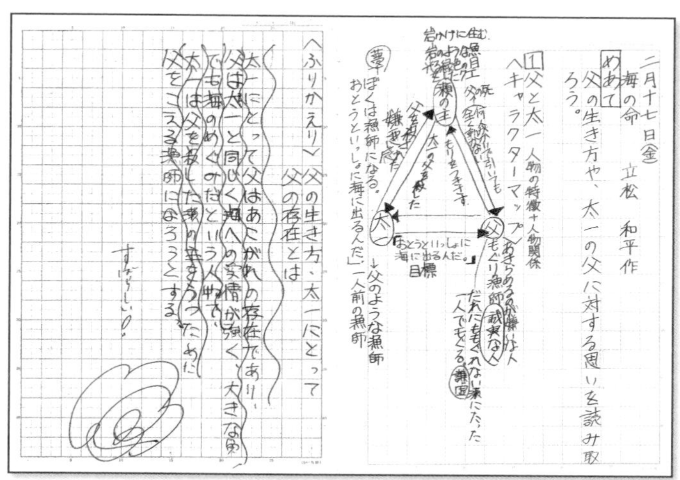

「父」と「太一」の人物イメージマップを書き、人物像と人物関係を読み取る。ノートには囲みや矢印等を使って、自分なりに読み取ったことや考えたことを表現できるようにした。

板書解説

★ 叙述から想像したことには吹き出しや雲型の囲みで書くと、事実と分けられて分かりやすい、とアドバイスをしながら机間指導をした。人物イメージマップは、「父」と「太一」の人物関係に大きく影響する「瀬の主」も入れて三角形で示した。瀬の主は、人物とは言えないが、細かく描写されている。太一にとって瀬の主がどのような存在か、瀬の主のことをどう思っていたか、また父はどんな漁師だったのかを丁寧に読むことが山場への深い理解につながる。

4時間目　めあて：与吉じいさの生き方と太一の成長を読み取ろう。

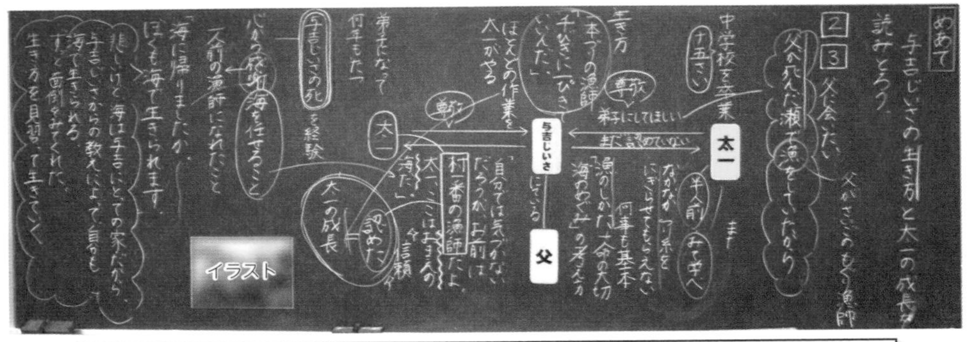

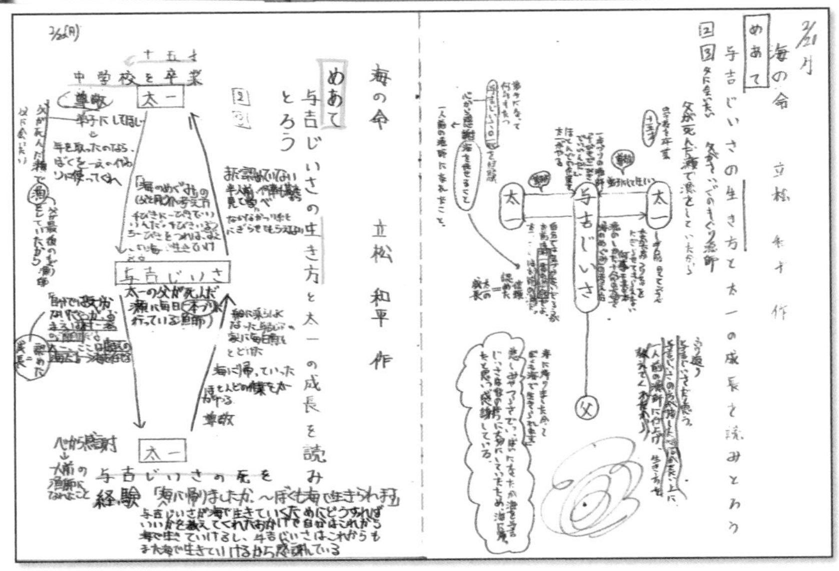

太一と与吉じいさの出会いと別れに着目し、その間の太一の変化を読み取るために、キャラクターマップに時間軸をプラスした図を使い、読み取ったことを書き出させた。

板書解説

★ 与吉じいさの生き方は、会話文の「千びきに一ぴきでいいんだ。千びきいるうち、一ぴきをつれば、ずっとこの海で生きていけるよ」に表れている。この言葉をキャラクターマップの中央に書き、太一の変容に気づかせたいと考えた。弟子になったときと、与吉じいさの最期のときとでは、太一の「死の受け止め方」が変わっているだけでなく、与吉じいさの言葉によって、太一の漁師としての成長も読み取れる。キャラクターマップに時間軸があることによって、子どもたちが自ら大事なことに気づけるのではないかと考えた。

5 時間目　めあて：太一の生き方に強く影響を与えたのは？（討論会）

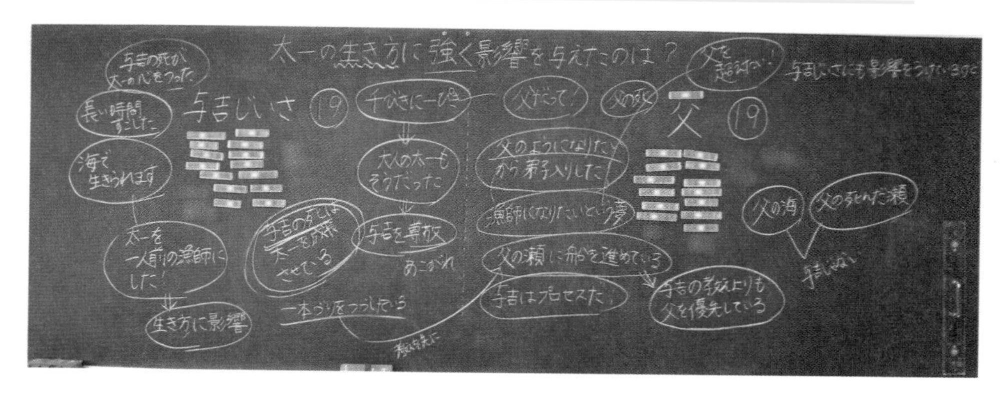

前時の振り返りに書いた人物にネームプレートを貼ると、なんと同数！作戦会議をしてから討論開始。最後には「太一の生きている時間によってその影響度は違う」という結論を出していた。

前時の振り返りは、子どもの問いにあった「父と与吉じいさでは、どちらが太一の人生に大きく影響したか」について、自分の考えを書かせた。その結果が19対19だったため、より話し合いが盛り上がると考えられたため、討論会を設定した。

板書解説

★ 与吉じいさ派と父派が同数であったことにより、子どもたちの討論会は大いに盛り上がった。作戦会議の時間を取ると、本文から太一が影響を受けたと読み取れる文章を次々に見つけ、線を引いていた。教師は黒板に子どもたちの意見を書きながら、それぞれの意見をつなぐようにした。討論は非常に白熱したが、最終的に「どちらの海に対する考え方も太一は大事にしている。生きていく中で、出会った人に影響を受けながら成長している。一人だと決められない」と言った子がいた。その考えに多くの子が頷いていた。

6時間目　めあて：太一が瀬の主をうたなかったのはなぜかを考えよう。

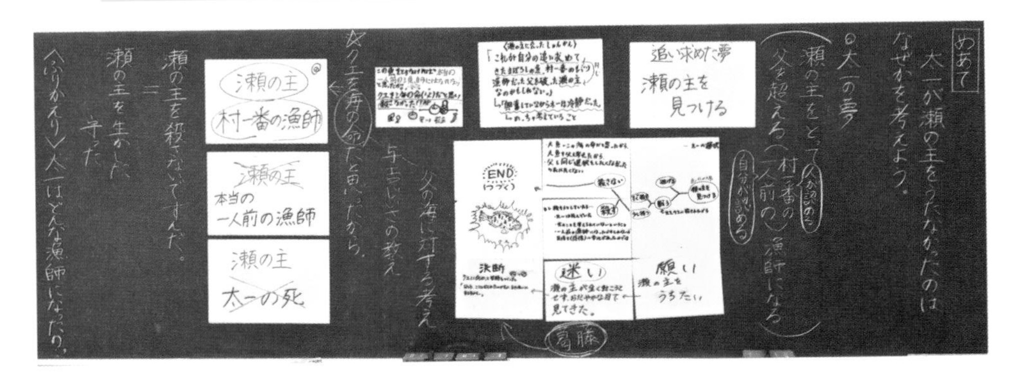

めあて
太一が瀬の主をうたなかったのはなぜかを考えよう。
◎太一の夢
瀬の主をとって村一番の（一人前の）漁師になる
父を超える
人が認める
自分が認める
追い求めた夢
瀬の主を見つける
END
つづく
殺さない
殺す
決断
迷い
瀬の主が全く動こうとせず、おだやかな目で見てきた。
願い
瀬の主をうちたい
葛藤
父の海に対する考え
与吉じいさの教え
☆クエを海の命だと思ったから。
瀬の主
村一番の漁師
瀬の主
本当の一人前の漁師
瀬の主
太一の死
瀬の主を殺さないですんだ。
瀬の主を生かした
守った
〈ふりかえり〉太一はどんな漁師になったり…

父を超えた漁師になった。クエを海の命と考え殺さなかったことは、自分の願望より命を優先した。つまり、太一の成長が上回った！

与吉じいさの「千びきに一ぴきでいい」という考えを尊重し、海の命を大切にしている村一番の漁師になった。

各グループでホワイトシートを使って太一の葛藤を表す心の迷路を作成。すべて黒板に貼れなかったため、迷路を考える上でキーワードになった「太一の夢」「村一番の漁師」「本当の一人前の漁師」を黒板に残している。

板書解説

★ 山場の葛藤場面である。この時間は、１つの発問によって子どもたちが思考する授業が多いが、あえて子どもたち同士の対話により、太一が選んだ道を解説する活動を取り入れた。解説のために、子どもたちはホワイトシートを使って「心の迷路」を各グループで作成した。「葛藤」を迷路に表すことで、他にどのような選択肢があったか、その選択肢を取るとどうなったか、叙述をもとに、物語世界を読み広げていた。グループセッションにより、互いの考えを深めることができた。

7時間目　めあて：結末の意味を考えよう。

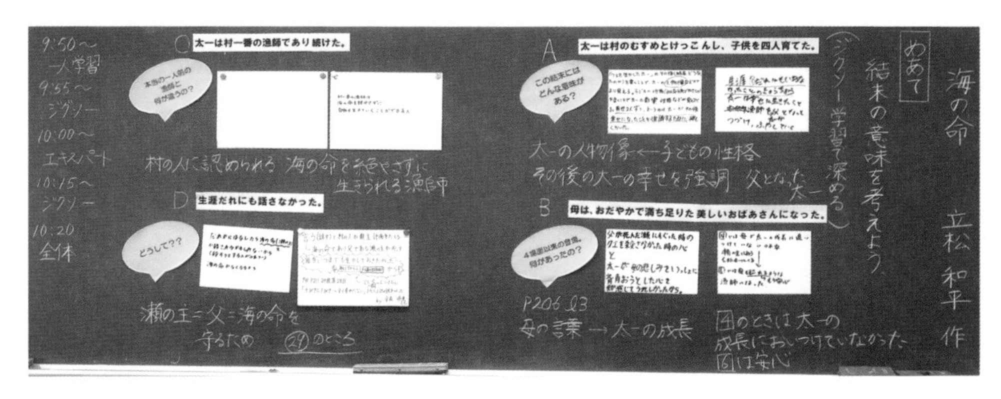

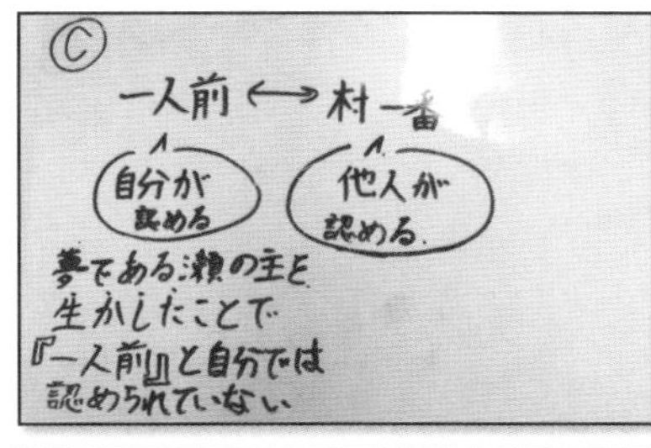

Ⓒ
一人前←→村一番
自分が認める
他人が認める。
夢である瀬の主を生かしたことで
『一人前』と自分では認められていない

「クエを生かした太一」のその後（結局、どうなったのか）を書くことで、太一の人物像などがより見える。子どもの性格（みんな元気でたくましい）を書くことで太一の影響、性格などが見えてくる。男女2人ずつ、というのは、太一がその後幸せになったことを強調するために、詳しく書いた。

言う（話す）と村の人が殺主計画をたてる
└海の命であり父である瀬の主が死ぬ
海をいつまでも生かしておきたかったから！
P211 29段落2文目
父に会いにいきたい
「千びきに1ぴき～全く変わらない」を元に上記の説をつくった

父が死んだ瀬にもぐった時のクエを殺さなかった時の心
と
太一が母の悲しみをいっしょに背負おうとした心を母が感じてうれしかったから。

本時においても、子どもたちは一人１枚のホワイトシートを使って、グループで考えを深めた。

板書解説

★ 結末場面は、６文しかないが、大切なことが詰まっている。内容を４つに分け、ジグソー学習を取り入れてそれぞれの結末の意味を考えさせた。

A「太一は村のむすめとけっこんし、子供を四人育てた。」→どんな意味がある？

B「母は、おだやかで満ち足りた美しいおばあさんになった。」→４場面以来の登場。何があったの？

C「太一は村一番の漁師であり続けた。」→本当の一人前の漁師と何が違うの？

D「生涯だれにも話さなかった。」→どうして？

8・9時間目　めあて：『海の命スピンオフ物語』を書こう。

『海の命』スピンオフ物語を書こう

『海の命』
～物語世界はこんなにも広かった！～

『海の命』スピンオフ物語の設定

- ４人の登場人物による会話文形式での物語。
- ４人の人物がある人物に「太一」や「太一の生き方」についてどのように思っていたかを話す、という設定。

『海の命』スピンオフ物語の設定

- ４人って誰？
- 誰が誰に話すの？

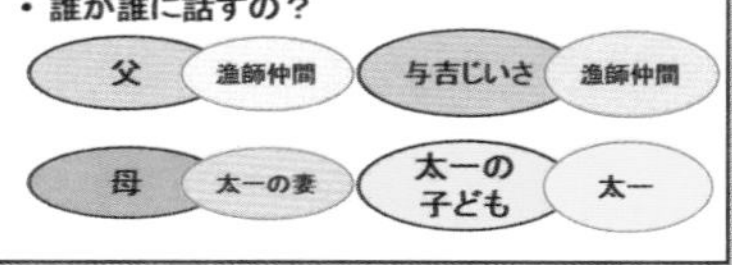

会話の設定

- お酒の席
- 漁師仲間に息子「太一」の話をする。

会話の設定

- 死をさとった与吉じいさが漁師仲間につい弟子である「太一」のことを話す

会話の設定

- 昔の写真を見つけた「太一の妻」が、そこに写っていた「母」と、今の「母」との違いに驚き、尋ねてきたので、昔話をする。

会話の設定

- 父が亡くなったとき、お葬式でどんな父だったかを語る。

スピンオフを書くときのポイント

①人物像をどう捉えたか
②時間的制約を守っているか
③生き方・考え方のキーワードを入れているか
④相手意識をもった表現を使っているか

授業解説

★「スピンオフ」というのは、あるドラマや映画、小説などの「番外編」や「続編」を示している。スピンオフは本筋から外れることなく、もとの作品の世界をより一層広げてくれるものとして存在する。『海の命スピンオフ物語』を書くことで、自分の読みを表現した物語と他者が書いた物語を比べて読もうとしたり、どうしてそのように書いたのかを話し合い、物語世界が広がったり深まったりすることを実感させたいと考えた。

10時間目　めあて:『海の命スピンオフ物語』を交流して物語世界を広げよう。

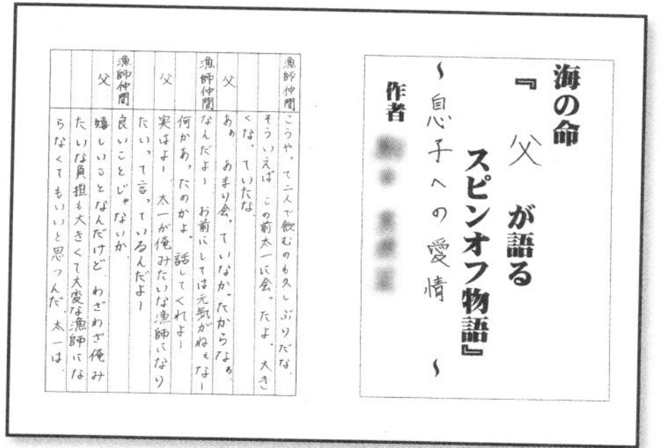

海の命
『父が語るスピンオフ物語』
～息子への愛情～
作者

漁師仲間　こうやって二人で飲むのも久しぶりだな。そういえばこの前太一に会ったよ。大きくなっていたな。
父　あぁ。あまり会っていなかったからなぁ。
漁師仲間　なんだよ～お前にしては元気がねぇな～何かあったのかよ。話してくれよ～
父　実はよ～太一が俺みたいな漁師になりたいって言っているんだよ～
漁師仲間　良いことじゃないか
父　嬉しいことなんだけど、わざわざ俺みたいな負担も大きくて大変な漁師にならなくてもいいと思ったんだ。太一は、

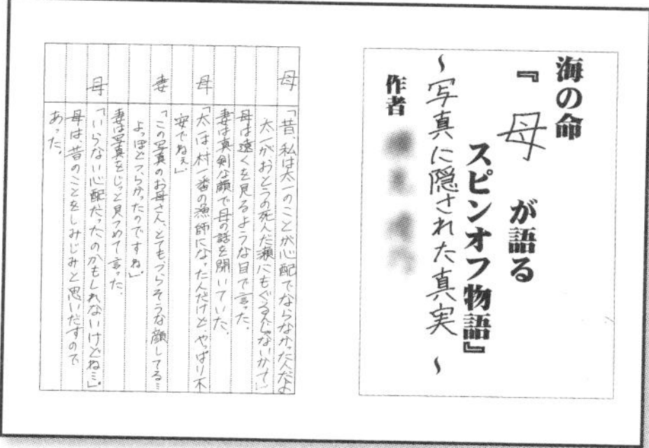

海の命
『母が語るスピンオフ物語』
～写真に隠された真実～
作者

母　「昔、私は太一のことが心配でならなかったんだよ。太一がおとうの死んだ瀬にもぐるんじゃないかって」
母は遠くを見るような目で言った。
妻は真剣な顔で母の話を聞いていた。
母　「太一は村一番の漁師になったんだけど、やっぱり不安でねぇ」
妻　「この写真のお母さん、とてもつらそうな顔してる…よっぽどつらかったのですね」
妻は写真をじっと見つめて言った。
母　「いらない心配だったのかもしれないけどね…」
母は、昔のことをしみじみと思いだすのであった。

スピンオフ物語など、書き替え学習をするときは、本来の物語の世界観を壊さないことが最も重要である。本時では、できあがった子どもたちの作品を読み合い、「作家チェック」をした。「作家チェック」の項目は、①人物像は適切か、②時間的制約を守っているか、③生き方や考え方が表れているか、④相手の設定を明確にし表現を工夫しているか、である。どう書いてあるとよいかを相談した後、①～④をそれぞれ自己評価した。

板書解説

★ グループで、でき上がった作品を読み合う活動において、ただ読んで感想を伝えるのではなく、それぞれの人物が語る内容（時間的制約）や語り方（人物像・表現）に着目して、評価基準を相談して作成し、自分が書いた作品を推敲する時間とした。

後日、子どもたちが作成した評価基準をもとに、人物ごとのスピンオフ物語を読み、グランプリを決定した。

〈参考〉学習指導案

．国語科学習指導案

指導者：樋口　綾香

手ぶくろを買いに　～物語を多面的に読む～

1．学年・組　　第３学年東組（３３名）

2．授業づくりの視点

本単元での提案

これまでの物語作品を読む授業では，最も大きく変容する人物を中心に読み深めてきた。しかし，作品によってはその人物が一人とは限らない。本教材の「手ぶくろを買いに」は，子ぎつねの成長物語として児童の目に映るだろう。しかし，母ぎつねに寄り添って読めば，子の成長を通して母の考えが揺さぶられる物語となり，脇役として登場するぼうし屋さんに寄り添えば，人間と動物の関係性にも迫れる物語にもなり得る。物語を多面的に読むこと，つまり着目する人物を変えて物語を読むことで物語の持つメッセージが変わることのおもしろさを実感させ，さらには読書活動が広まるきっかけとなる授業を提案する。

教材について

物語の多面性

本教材は新美南吉童話の代表作であり，多様な作品のメッセージを受け取ることができる。子ぎつねが初めて経験する冬に，寒さをしのぐための手ぶくろを町に買いに行くという「冒険」を通して，自立へと向かう物語。一方，人間はこわい存在であると思っていた母ぎつねが，「冒険」から帰ってきた子ぎつねの話を聞き，大きく気持ちが揺れ動く物語。また，手ぶくろを売ってくれたぼうし屋さんや，母ぎつねを追いかけたお百姓さん，そして読み手の視点から考えると，きつねと人間，ひいては動物と人間の関係性についても考えることができる物語ともなり得る。

人間に対する見方・考え方

母ぎつねの人間に対する見方・考え方は「こわいもの」であり，友達があひるを盗もうとして人間に追いかけられた経験が元になっている。しかし，「冒険」から戻ってきた子ぎつねは「人間ってちっともこわかないや。」と母に話す。親子の異なる人間観は，出会った人間の違いや出会った場面の違いによるものである。

児童について

場面ごとの移り変わりや人物に着目して読む経験を積み重ねている。

物語の構造にも興味を持ち，人物の変容や場面の役割などに目を向けながら物語世界を読み味わうことができる児童が多い。

「作家の時間」を通して物語を創作することに慣れ親しみ，進んで書評交換をしている。

指導にあたって

読み取りの前半では子ぎつねに寄り添って読ませ，後半では子ぎつねと対比しながら母ぎつねに寄り添って読ませる。本時では、最後の母ぎつねのつぶやき「ほんとうに人間はいいものかしら。」に着目し，人間と関わった二人の体験を，出会った人間，出会った場面で対比させる。子ぎつねの体験にしかない人間の親子の存在に気づかせることで，母ぎつねの揺れ動く人間に対する見方・考え方を表現させたい。

教材：「手ぶくろを買いに」（『新しい国語三下』東京書籍、平成27年度版）

3．単元目標および評価規準

	単元目標	具体的評価規準
関心 意欲 態度	読んで感じたことや考えたことを明らかにしながら，幅広く読書しようとしている。	・物語を進んで読み，感じたことや考えたことを書いたり，相手に伝えたりしている。 ・テーマにそった本を選び，読書をしようとしている。
話す 聞く		・相手や目的に応じて工夫しながら話している。
読む	登場人物の行動や会話を中心に性格や心情を読み取ることができる。 読みの観点を基に物語を多面的に読むことができる。	・会話文や心情，行動を表す文などから人柄が分かることを知り，着目して読んでいる。 ・読みの観点（中心人物・対人物・キーアイテム・伏線）を基に物語を多面的に読むことができる。 ・着目する人物が変われば物語の在り方が変わることがあることを理解している。
言語についての知識理解技能	話し言葉と書き言葉の違いを知り，相手や目的に応じて使い分けることができる。	・言葉に登場人物の心情が表れていることに気づく。 ・話し言葉と書き言葉の違いに気づき，聞き手を引き付ける話し言葉を身につける。

4．単元展開と指導言例（本時８／１２）

次	時	内容と指導言
1	1	・『手ぶくろを買いに』を読んだ感想を交流する。 →「お語を読んで心に残ったことや不思議に思ったことを交流しよう」
	2	・グループでもっと詳しく読みたいところを話し合い，問いを持つ。 ・問いを交流し，学習の計画を立てる。 →「もっと詳しく読みたいところはどんなところかな」 →「みんなで考えたい問いを出し合おう」 →「中心人物に着目してお話を読んでいこう」
2	3	・お話の設定をつかみ，場面分けをする。 →「物語の設定（時・場所・人物）を書き出そう」 →「誰がどんなことをした場面かな」 →「子ぎつねに寄り添って物語を読もう」
	4 5 6	・子ぎつねの会話文や行動から気持ちや物語のしかけを考えながら読む。 →「子ぎつねのキャラクターマップを書こう」 →「子ぎつねの冒険をくわしく読もう」 →「子ぎつねは何がきっかけでどう変わったのかな」 →「作品のメッセージをどう受け取ったかな」

	7	・母ぎつねの子ぎつねに対する愛情や人間に対する恐怖心を読み取る。 →**「母ぎつねのキャラクターマップを書こう」** →**「子ぎつねと共通しているところ，正反対のところはどこかな」**
	8	・母ぎつねと子ぎつねの体験を比較することで，母ぎつねの揺れ動く心情を表現する。 →**「ぼうやの体験にあって，母さんぎつねの体験にないものは何だろう」** →**「母さんぎつねは，なぜ２回も『ほんとうに人間はいいものかしら。』とつぶやいたのでしょう。」**
	9	・子ぎつね・母ぎつね・ぼうし屋さん・お百姓さんの視点で物語を多面的に読み，作品のメッセージを比較する。 →**「ぼうし屋さんは，どんなことを思っていたのかな」** →**「読み手である人間のみんなは，きつねの親子のことをどう思う」**
3	10 11	・これまでに読んだ作品でいちばん心に残った作品を紹介するために，紹介文を書き，発表の練習をする。 →**「いちばん心に残っている本はどんな本かな」** →**「本の素晴らしいところはどんなところかな」** **「これまでに学習した作品と比べながら，紹介文を書こう」** →**「話し方５か条に気を付けて，練習しよう」**
	12	・いちばん心に残った作品を伝え合い，実際に本を読むことを通して自分の読書の幅を広げる。 →**「友達の発表の良かったところや感じたことはどんなことかな」** →**「読みたくなった作品を読んでみよう」**

５．本時の目標

きつねの親子の体験を比較することで人間との関わり方の違いに気づき，「ほんとうに人間はいいものかしら。」とつぶやく母ぎつねの揺れ動く心情を表現することができる。

６．指導言を中心とした本時の展開　及び　予想される児童の発言・行動

［かまえる］

前時は母さんぎつねのキャラクターマップを書きましたね。ぼうやと一番違うところはどんなところだったかな。

母ぎつねと子ぎつねの人間に対する見方・考え方の違いをおさえ，その要因に着目させる。

「ぼうやは人間をこわくないと思っているけど，母さんぎつねは『ほんとうに人間はいいものかしら。』とつぶやいているよ」

［のぞむ］

きつねの親子の人間に対する考え方はなぜこんなに違いがあるのかを考えましょう。

今日のめあてを書きましょう。

子ぎつねの考えと母ぎつねの考えを対比しやすいように板書し，めあてを共有して本時の見通しを持たせる。

「めあて　人間に対する考え方が違うわけを考え，母ぎつねの心情を表現しよう」

[ひらく]

発問	指導の手立て・予想される反応
母さんぎつねはどうして人間のことがこわかったのですか。	母にも人間に出会った体験があることに注目させる。 「友達があひるをぬすんで追いかけられた経験があるから，とてもこわいと思っていたよ」
母さんぎつねとぼうやの初めて出会った人間との体験を比べてみましょう。	初めて出会った人間，出会った場面をグループで比較させ，二人の体験の違いを考えさせる。 「母さんぎつねはお百姓さん，ぼうやはぼうし屋さんに出会っているね」
初めて出会った人間が違うから，人間に対する考え方がこんなにも違ったんだね。	出会った人間や出会った場面が違うから，きつねの親子の人間に対する見方・考え方に違いがあるのは当然である。しかし，見落としてしまいがちな子ぎつねの体験に目を向けさせるためにこの発問をして，「違う！それだけじゃない！」という声を引き出したい。

【評価】きつねの親子の人間と出会った体験を比べ，二人の人間に対する考え方に根拠を持つことができる。（読む）

[ふかめる]

発問	指導の手立て・予想される反応
ぼうやの体験にはあって，母さんぎつねの体験にはないものはないかな。	子ぎつねの「冒険」には，人間の親子が登場し，その様子を自分たちに重ね合わせることから，子ぎつねの人間に対する見方は「ちっともこわかない」にプラスして「人間もきつねも同じ」となる。しかし子ぎつねは母にこのことを話していない。これに気づくことで，最後のつぶやきの心情をより深く考えさせる。
母さんぎつねは，なぜ２回も「ほんとうに人間はいいものかしら。」とつぶやいたのでしょう。	「ぼうやが手ぶくろを買ってこられたから，ぼうやのことを信じたいと思っているけど，やっぱりこわい思いが忘れられないのかな」 「人間の親子の話を聞いていたら，母さんぎつねの気持ちは変わっていたかもしれないよ」

【評価】きつねの親子の体験の違いから，母の気持ちの揺れ動きを表現することができる。（読む）

[ふりかえる]

発問	指導の手立て・予想される反応
母さんぎつねを中心人物として考えると，この物語にはどんなメッセージがありますか。ふりかえりに書きましょう。	作品のメッセージの違いを考えさせることで，次時で子ぎつね視点，母ぎつね視点，人間視点でのメッセージの違いを考える下地を作る。 「子供によって大人が考えをゆさぶられる物語」 「人間と動物の関係を考える物語」

5年生　国語科

『注文の多い料理店』（宮沢賢治）　～演劇的手法×ICT活用で読みを深めよう～

授業者：樋口　綾香

1．学年・組　第5学年南組（34名）

2．授業づくりの視点

本授業における学習内容の主張

児童に、文学作品を自ら読み味わう力をつけてほしい。そのために、読む視点が多様であること（既習教材の反復学習）、自分の考えを言語化できること（ノート・デジタルノート）、他者との交流を積極的に行う中で自分の内に起こる変化や揺れを楽しむこと（協働学習・対話的学習）を大切にした授業づくりをしてきた。本授業では、これらを生かし、さらに文学の世界を豊かにするために「演劇的手法」を取り入れる。役になりきることで文字を追うだけでは見えないことに気づかせたい。

本授業におけるICT活用についての主張

国語科において効果的なＩＣＴの活用法を２点提案する。

１つ目は、児童の読みが、どの部分に委ねられているかを視覚的に示すことである。発言する児童がどこから考えたのかが一目でわかるだけでなく、発言をしない子も文章のどこに着目したかが分かるメリットがある。

２つ目は、振り返りをタブレットＰＣを使ってクラウド上に保存することで、いつでも全員の学びを閲覧できるまとめの方法である。これは、他者の学びを吸収して新たな学びにつなげることができる。

教材について

作品の主人公である二人の若い紳士は、「イギリスの兵隊の形をして、ぴかぴかする鉄ぽうをかついで」登場する。これは、第一次世界大戦が終戦してから２年後に出版されたこともあり、大正時代の社会的文化的背景を強く映し出した作品といえる。

作品は、「現実—非現実—現実」という構成をとっている。現実と非現実の境目が捉えにくく、二人の若い紳士が山奥を歩いている様子、会話文から始まる物語の冒頭が、果たして「現実」であるかどうかも、読者の読みに委ねられる。このような冒頭から、読者は一気に物語の中に引き込まれ、次々と起きる不思議な出来事を体験することになる。

お腹をすかせた紳士は、突然現れた１軒のレストラン「山猫軒」に入る。その中で７枚の戸に次々と出会い、戸に書かれた「注文」通りに紳士がふるまう。早く食事をしたい紳士だが、なかなか食事にありつけず、最後には山猫に食べられそうになる。山場では、「注文の多い」がメニューの多さでなく、食べる側からの注文であったことや、「おなかにお入りください」が食べられるという意味であったことに気づかされ、読み手におもしろさや驚きを与える。結末では、恐ろしい体験をした二人の紳士の命は何とか助かるが、顔は紙くずのようにくしゃくしゃになって戻らなくなってしまうことから、読者に余韻を残した終わり方になっている。

冒頭や結末が特徴的な本作品は、物語を楽しんで読みながらも、言葉に着目してより深く読もうとする意欲を掻き立てる作品であり、児童の読みの可能性を広げるとともに、同一作者の他の作品を読むきっかけにもなり得るため、読書の幅も広げることができる教材である。

教材：「注文の多い料理店」（『新しい国語五』東京書籍、令和２年度版）

児童について

どの学習にも前向きである。国語学習においては、自分の読みを積極的に交流する児童が多い。4月から取り組んできたオリジナルノートづくりにおいて、自分の読みを分かりやすく図にしてまとめたり、すばやくメモをとるなど、書く力、思考力、表現力が高い。

児童のこれまでのICTの活用について

○教室には常時10台のタブレットがあり、日常的（係や学級活動）に使用している。
○コラボノート、ロイロノートなどを使用して協働学習を積極的に行うことができる。
○デジタルポスター作り、プレゼンソフトを使用した発表などを経験している。

3．単元の目標

ファンタジー構造を理解し、人物像や物語の全体像を具体的に想像したり、表現の効果を考えたりしながら、作者の世界観を豊かにするとともに、作品のおもしろさをとらえることができる。

4．評価規準

知識・技能	思考・判断・表現	主体的に学習に取り組む態度
ファンタジー構造について理解できる。 比喩や反復などの表現の工夫に気づいている。	登場人物の相互の関係や心情などについて、描写を基に考えることができる。人物像や物語の全体像を具体的に想像したり、表現の効果を考えたりすることができる。	作品のおもしろさを見つけて読んでいる。自分の考えを進んで伝えている。同一作者の作品を進んで読もうとしている。

5．単元計画

次	時	内容	主に使用したICT
1	1	題名読みをする。範読を聞いて、初発の感想を書く。	タブレットＰＣ/コラボノート
	2	感想を交流し、問いをもつ。表現の特徴（オノマトペ・繰り返し・色彩語）を押さえる。西洋料理店の全貌を想像する。	タブレットＰＣ/コラボノート
2	3	全文を読み、設定（時・場所・人物）を確かめる。 二人の紳士の人物像を読み取る。	タブレットＰＣ/コラボノート
	4・5 6・7	④山猫軒が現れた理由を考え、演劇的手法を用いて山猫の気持ちを考える。⑤⑥⑦七枚の戸の色、順番、書かれた注文の内容の関係性を考える。戸を見つけた時の紳士と戸を出現させた山猫の気持ち、行動を読み取る。	タブレットＰＣ/コラボノート・録画機能
	8 （本時）	山猫の言動を演劇的手法を用いて再現し、作者のしかけと作品のおもしろさを考える。	タブレットＰＣ/コラボノート
	9	結末の意味を考える。	タブレットＰＣ/コラボノート
3	10	宮沢賢治が伝えたかった作品のメッセージを書いて交流する。	タブレットＰＣ/コラボノート

5年生　国語科

6．本時の目標

７場面の山猫の子分の台詞や状況を演劇的手法を用いて再現することで、山猫、紳士、また物語の読み手の心情を比較し、作者のしかけや山場のおもしろさをとらえることができる。

7．本時の展開

ICT活用	児童の学習活動	指導上の留意点
	1．めあてを確認する。 「７場面の山猫と紳士を演じて、山場のおもしろさを見つけよう。」	初めて登場する山猫の人物像を問い、イメージをもたせる。
前時の板書、振り返りを電子黒板に提示し、学習をつなぐ。	2．７枚目の戸の前にいる紳士の気持ちを振り返る。 「ずっと勘違いしていたことに気づいて慌てているよ。」 「物が言えないくらい恐怖を感じている。」	前時の学習をホットシーティングで振り返ることで、紳士の気持ちを理解する。
必要があれば、動画撮影を行い、後で自分たちで気持ちを言語化する手立てにする。	3．７場面のロールプレイを紳士役、山猫役に分かれて行う。 「７枚目の戸の裏には山猫たちがいるよ。」 「紳士たちを戸の中に誘いこもうとしているんだ。」 「山猫と紳士が同時に出てきたのは初めてだな。どんなやり取りになるだろう。」	戸を境にして行われるやりとりを、「山猫役」「紳士役」のロールプレイで再現させる。
	4．全体で自分（紳士・山猫）の中に沸き上がった気持ちを交流する。 「紳士はものすごく怖がっているよ。」 「山猫は笑っているから楽しんでいるみたい。」	紳士と山猫の気持ちを交流する際、比較しやすいように黒板の左右に対比的に板書する。

評価：叙述を基に、役になりきることで、物語世界を豊かに想像し、気持ちを考え、表現することができる。【思考・判断・表現】

ICT活用	児童の学習活動	指導上の留意点
授業の振り返りをコラボノートに打ち込み、一人一人の学びを共有して学習の質を高める。	5．紳士と山猫の気持ちの対比は、読者にどのような影響を与えているかを考える。 「山猫が紳士たちを誘い込むために言っている言葉が余計に恐怖心をあおるから、おもしろさと怖さを感じるな。」	「読者」はどう感じるかを問いかけ、２者の感じ方の差から広がる山場のおもしろさを考えさせる。

国語科学習指導案

授業者：樋口　綾香

海の命
～登場人物が語る太一とのスピンオフ物語～

1．学年・組・場所　第６学年西組（３８名）

2．授業デザイン

６年生のめざす子供像

どんな問題にもひたむきに向き合い，最善解を導きだそうとする子

児童のこれまでの学びの履歴	めざす子供像に照らした児童の実態
学級討論会や説明文の反証，物語の設定の読み取りなど，根拠を挙げながら議論をすることが好きで，意見が分かれたときには，自分の考えを明確に主張しながら白熱した話し合いをすることができる。	物語や説明文を自分で読み深めることには苦手意識が強く，指導者の読みや友達の意見が気になってしまう児童が多い。
国語の授業では毎時間ふりかえりを書き，書く量や時間を保障してきた。書くことで自分の考えを明確にし，伝えることを繰り返し経験している。	Ａグループ（５人）とＢグループ（３人）の２種類の活動班があり，課題に合わせて使い分けている。課題によって興味関心の差が生じる傾向があるため，男女や，意見を活発に言える児童の偏りがないよう配慮している。
毎朝１０分間読書をして学習を始めている。学習教材とつながる本を進んで読み，世界観を広げることができる。	自分の意見や，書いた作品などはシンキングツールを使って交流することを積み重ね，的確に他者を評価することができる。

教材について

「海の命」は，自然を舞台に，主人公・「太一」の成長する姿が描かれている作品である。「太一」は，幼いころから父といっしょに漁に出ることを夢見ていたが，その「父」はある日「瀬の主」との戦いに敗れ，死んでしまう。「太一」は，一人前の漁師になって，父のかたきを討とうと考え，「与吉じいさ」の弟子になる。「与吉じいさ」からの影響を受けながら，「太一」は父がいた海と向き合っていく。
場面ごとに「太一」の心情が描かれているため，「太一」を中心に読み解くことで大きな出来事や重要な人物を捉えることができる。しかし，会話文は少なく，対話形式のものはない。既習教材の多くは，主人公の変容に深く関わる人物は単独であったが，本教材では重要な人物が多数登場する。「太一」への影響の度合いは一人一人異なり，複雑に関わり合っているため，それぞれの人物像や，「太一」との人物関係を読み取ることは重要である。本教材は，主人公の「太一」と読み手である自分を重ねることで，より「生き方」について考えを深めることのできる作品であるといえる。

教材：「海の命」（『国語六』光村図書、令和２年度版）

本単元の授業提案

「太一」を中心に，人物関係，大きな出来事，そのときの心情を読み取っていく。その際，複数いる登場人物の少ない台詞を関連付けて読んでいくことで，クライマックス場面の「太一」の心の葛藤を読み取ることができると考える。「太一」は，周りの人物に大きく影響を受けている。「太一」以外の登場人物の視点で物語を再読することで，「太一の生き方」を読み深めることができると考えた。そこで，「太一」以外の登場人物が語る『海の命スピンオフ物語』を書くという活動を設定する。本時では，「太一」の周りの人物が「太一」との物語を語るための「人物像」や「時間的制約」，「キーワード・キーセンテンス」に着目しながらより「太一」への思いが表現されるようにグループ活動によって対話を繰り返していく。

「主人公が周りの人物に影響される状況」は，児童の「今」と重なり合うのではないだろうか。大きな分岐点である小学校卒業を目前に控え，多くの友達や大人とかかわり合いながら自分の進路を決め，突き進もうとしている。それぞれのスピンオフ物語が一つになったとき，それまでに読んできた『海の命』の世界観をより広げられるとともに，思わず児童が「自分の生き方」と「太一の生き方」を重ねたくなる授業を提案する。

3．単元目標および評価規準

	単元目標	具体的評価規準
関心 意欲 態度	作品に描かれている人物のつながりや心情を読み取りながら，主人公の生き方について自分の考えをもとうとしている。	・「太一」の生き方について興味を持って読もうとしている。 ・様々な人物に着目しながら物語を読もうとしている。
読む	登場人物の相互関係や心情，場面についての描写を捉え，人物の生き方について自分の考えをまとめることができる。	・「太一」とそれ以外の人物との関係を読み取ることができる。 ・「太一」の成長を捉えることができる。 ・それぞれの人物の生き方の違いを読み取ることができる。
書く	視点を置き換えて物語を読みなおし，人物の心情を根拠をもって書くことができる。	・それぞれの人物の重要な出来事を捉え，人間関係や性格を考えた上で人物の思いを表現することができる。
言語について の知識理解技能	文章を特徴づける語句に気づき，語句と語句との関係を理解して書いている。	・本文をよく読み，登場人物の人物像や生き方に合う言葉を選択し，文章にすることができる。

4．単元計画（本時８／９）

次	時	内容
1	1	・題名読みをする。 ・初発の感想を書き，問いをもつ。 ・問いを交流して，物語を読み深める構えをつくる。
2	2	・物語の設定を読み取る。 ・「太一」の人生年表を書き，「太一」の人物像について考える。
	3	・「太一」と「与吉じいさ」の関係を読み取り，「与吉じいさ」の人物像や生き方を考える。

	4	・「太一」と「母」・「父」との関係を読み取り，２人の人物像や生き方を考える。
	5	・「太一」と「瀬の主」との様子を読み取り，「太一」の気持ちを想像する。
	6	・「太一」の生き方に影響を与えた人物にランキングをつけて考える。
3	7 8	・「父」「与吉じいさ」「母」「太一の子ども」の４人のうち１人を担当し，「太一」とのかかわりを本文から正確に読み取るとともに，それぞれの人物の視点に立って考えたことを物語にすることができる。
	9	・『海の命スピンオフ物語』のグランプリを決める。

5．本時の目標

・「父」「与吉じいさ」「母」「太一の子ども」の，それぞれの人物が語るべき内容（時間的制約）や語り方（人物像・表現）に着目して，よりよい評価基準を作成することができる。

・評価基準をもとに，それぞれの人物視点での物語を推敲し，班で読み合って『海の命スピンオフ物語』を評価することができる。

6．指導言を中心とした本時の展開　及び　予想される児童の発言・行動

［かまえる］

「父」「与吉じいさ」「母」「太一の子ども」のいずれか１人になりきって，スピンオフ物語を書きましたね。

いろいろな設定でそれぞれの人物に語ってもらいましたが，今日は，みんなが書いた作品を評価するための基準を作りましょう。

これまで読み取ってきた太一の人生と，それぞれの人物との関わりを示した年表を掲示し，「人物」と「成長の節目」が視覚的に捉えやすくなるようにする。

評価基準とは，よりよい表現にするためのヒントになるものであると説明し，評価基準の作成に意欲を持たせる。

「めあて　『物語の評価基準をつくって，
海の命スピンオフ物語を読み味わおう』」

［のぞむ］

先生が，書くときに大切なポイント「作家チェック」として押さえたことは何ですか。

次のエキスパートグループでより細かな評価基準をつくるため，４人に共通する大切なポイントを思い出させる。

①人物像　②考え方・生き方のキーワード

③時間的制約　④相手意識

［ひらく］

では，同じ人物で集まってより細かな基準を考えましょう。
また，その基準に沿って書けているか確認し，作品を推敲しましょう。
（エキスパートグループ）

エキスパートグループでの話し合いを行う。同じ人物同士でまずは「作家チェック」の詳細を話し合い，それぞれの人物の具体的な評価基準を考えさせる。同じ人物を選んだもの同士で話し合うことで，より自分の考えを確かなものにできると考える。

このとき，机間指導をしながら的確なアドバイスをグループごとに行い，スピンオフを考える上で必要な思考（人物像・時間的制約・生き方について）を促したい。

グループへの助言
●太一は４場面のことを誰にも話していないから，太一以外の人が書いているのはおかしいよ。
●大切な言葉は，その人の生き方や考え方を表していたよね。それが入っているとお話が深まるよ。

「父は，１場面にしか出ていないね。『海のめぐみだからなあ』は文に入っていたほうがいいかな」
「母は，初めからいるはずだけど，４場面でしか語っていないよ。あとは６場面に出てくる様子を取り入れながら書かないといけないね」
「与吉じいさのキーワードは〇〇だよね」

【評価】「作家チェック」を基に話し合い，評価基準を作成することができる。
作成した基準を基に，よりよい文にしようとしている。（関・書）

[ふかめる]

もう一度ジグソーグループで読み合います。各グループで話し合った評価基準を基に，PMI表にコメントを書き込もう。
（ジグソーグループ）

始めに書いていた文章よりも詳しく気持ちが書けていたり，表現が豊かになっている児童を見つけて褒めていきたい。児童の書き方の癖や書く力は，日々の交流によって児童のほうが教師よりも理解していることがある。書いている内容を認めるだけでなく個々の伸びに焦点をあてることで，考えることや書くこと，交流することが学びを深めているという実感をもたせたい。

それぞれの人物のスピンオフをつなげてできた物語を発表できるグループはありますか。
（全体交流）

「太一の子供たちは，大きくなるまでお父さんと一緒に過ごすことができたから，きっと幸せだと思う」
「与吉じいさは太一が海にもぐることを予想していたのか。その発想はおもしろいね」
「母の言葉は本文の言葉も引用しているけど，太一が父になったあとのことも書いていてとてもいいね」
「同じような気持ちだけど，一人称だからなりきって書けているところがすごい。私もそうしよう」

【評価】作成した評価基準を基に，適切に文を評価することができる。（読）

[ふりかえる]

今日の学習を振り返って，『海の命』の読みが深まったり，交流で心に残ったことを書きましょう。

交流を通してじっくり考えること，自分の考えを見つめ直すことができると考える。本時の授業では，同じ人物の視点と他者の視点を読み比べることで，より自分が書く人物の立場や気持ちを深く考えてきたはずである。
それらを振り返らせ，次の学びに活かしたい。

「物語の中であまり心情が書いていない人物にスポットをあてて考えると，より物語の世界が広くなった」

著者紹介

樋口 綾香（ひぐち・あやか）

1985年兵庫県生まれ。北摂三田高校、大阪教育大学を卒業後、大阪府公立小学校で５年間勤務。その後、大阪教育大学附属池田小学校で６年間勤務し、「読解力・表現力を育成する多読を基にした言語活動のカリキュラム開発（科研費奨励研究16H10516）」や「シンキングツールを取り入れた構造的板書による読解力・対話力と情報活用能力の研究（科研費奨励研究17H00095）」などに取り組む。2019年度から大阪府公立小学校に勤務している。自分の授業を磨くために始めたSNSでは、板書やリフレクションを発信し続け、約２万人のフォロワーがいる。関西国語授業研究会、授業力＆学級づくり研究会所属。著書に『３年目教師　勝負の国語授業づくり』（明治図書出版）などがある。

子どもの気づきを引き出す！　国語授業の構造的板書

2021年11月４日　初版発行

著　者――――樋口 綾香（ひぐち あやか）
発行者――――佐久間重嘉
発行所――――学 陽 書 房
〒102-0072　東京都千代田区飯田橋1-9-3
営業部――――TEL　03-3261-1111／FAX　03-5211-3300
編集部――――TEL　03-3261-1112
http://www.gakuyo.co.jp/

ブックデザイン／八木孝枝　本文イラスト／百田ちなこ
DTP 制作・印刷／精文堂印刷　製本／東京美術紙工

ISBN 978-4-313-65405-1 C0037

子どもの聞く力、行動する力を育てる！
指示の技術

土居正博【著】

A5 判並製　176 頁　定価　2090 円（10%税込）

良い指示の例と悪い指示の例が、○×イラストでよくわかる！また、指示を出す前の準備、指示のセリフ、指示後の確認や評価などまで詳しくわかり、この指示で、子どももクラスもガラッと変わる！

困難な現場を生き抜く！
やんちゃな子がいるクラスのまとめかた

野中信行【著】

A5 判並製　144 頁　定価　1980 円（10％税込）

どんなやんちゃな子も、教師の対応次第でその後の行動が大きく変わる！　子供の気持ちに共感する・良いところをほめる・必要な場面できちんと叱るなど、場面に応じた適切なふるまい方がよくわかる！